영적 훈련(상)

영적 훈련(상)

윗취먼 니 지음
문 창 수 옮김

정경사

SPIRITUAL EXERCISE

*A Simplified Version of the Basic Lessons
on Practical Christian Living*

by
Watchman Nee

Copyright © 2007
Christian Fellowship Publishers, Inc.
New York, U. S. A.
All Right Reserved
Translated and published by permission

Printed in Korea

서 문

 "경건에 이르도록 네 자신을 연단하라 육체의 연단은 약간의 유익이 있으나 경건은 범사에 유익하니 금생과 내생에 약속이 있느니라 미쁘다 이 말이여 모든 사람이 받을 만하도다."(딤전 4:7 후반-9) 이 말씀은 얼마나 참되며, 추구해야 할 가치가 얼마나 큽니까. 신체적 훈련이 신체 건강에 좋고 필수불가결하여 많은 사람들이 이것을 수행하고 있음을 모두가 압니다. 그러나 영적 훈련의 수행이 지극히 중요함을 아는 하나님의 자녀는 얼마나 적습니까. 그리고 이것을 수행하는 사람들의 숫자는 더욱 적습니다. 기독교인들의 영적 성장이 많이 요망되고 있는 것이 이상할 것이 없습니다.

 윗취먼 니 형제는 이런 영적 훈련이 부족함을 감안해서 1948년 중국에서 개최된 교회 일꾼들을 위한 훈련 집회를 수행하는 과정에서 일련의 기독교인의 실제적 삶에 관한 기본 교육을 실시했습니다. 하나님의 자녀들이 스스로 경건에 이르는 훈련을 장려하기 위해 1년 내내 일주 일회씩 계속해서 이 교훈을 주고자 하는 소망에서였습니다. 그러나 이 교육을 애초에 실시했을 때는 기독교 일꾼들을 염두에 두었었지, 그들의 잠재적 청중을 염두에 둔 것이 아니었습니다. 그는 이 일꾼들에게 이 주제들에 관한 풍부한 자료를 공급하여 그들을 돕고 싶었고, 일꾼들은 이 자료들로부터 그들의 특정적 청중의 필요에 따라 선택할 수 있게 하려고 했습니다. 따라서 이 과목들이 출판되었을 때, 이것이 평신도 독자들에게는 너무 복잡하여 그들이 파악할 수 없게 보였을 것입니다. 그러므로 우리는 독자들, 특히 초신자들의 필요에 맞게 이 메시지들을 단순화 할 필요를 보게 되었습니다. 이 과목들을 더 간결하게 하여 독자들이 기독교인의 삶에 관한 이 기본 원칙들을 굳게 파악할 수 있고, 따라서 그들 자신을 경건에 이르게 하는데 도움을 받을 수 있기를 우리는 소망하는 것입니다. 원하건데 성령께서 우리들을 모든 진리 가운데로 인도하시기를 기원합니다.

＊본서에서 사용한 한글 성경 본문은 개정 개역판(1998년도)을 따랐음.

다아비(John Nelson Darby, 1800~1882)-플리므스 형제단 운동의 창시자

차 례

서문 / 5

제1권 산 제물 • 11

    제 1과 세례 / 13
    제 2과 과거를 청산하기 / 21
    제 3과 모든 것을 팔아버림 / 29
    제 4과 헌신 / 37
    제 5과 성경 공부 / 45
    제 6과 기도 / 51

제2권 충실한 고백 • 59

    제 7과 일찍 일어나기 / 61
    제 8과 공적 고백 / 67
    제 9과 세상과의 결별 / 75
    제 10과 차별을 철폐함 / 85
    제 11과 증언 / 95
    제 12과 사람들을 그리스도에게 인도하기 / 103
    제 13과 가족 구원 / 111

제3권 함께 모임 • 121

제 14과 교회에 가입함 / 123
제 15과 안수 / 131
제 16과 함께 모임 / 137
제 17과 각종 집회 / 143
제 18과 주의 날 / 151
제 19과 찬양 드리기 / 159
제 21과 찬양 / 167
제 21과 떡을 떼기 / 175

제4권 내가 아니라 그리스도 • 185

제 22과 누구든지 죄를 범하면 / 187
제 23과 사과와 원상회복 / 195
제 24과 당신의 형제를 회복시키라 / 205
제 25과 신자의 반응 / 213
제 26과 구출 / 223
제 27과 우리의 생명 / 233
제 28과 하나님의 뜻을 알려면 / 243

제 1 권

산 제물

제1과
세례

암송구절: 믿고 세례를 받는 사람은 구원을 얻을 것이요 믿지 않는 사람은 정죄를 받으리라.(막 16:16)

성경에서 세례의 포괄성을 실감하게 됨에 따라 우리는 모든 초신자들이 알아야 할 세례의 여러 국면들 중 두 가지 국면에 생각의 초점을 맞추려고 합니다. 이 두 국면은 첫째로, 세례는 사람에게 무엇을 해줄 수 있는가, 즉 세례의 작용에 대한 것이고, 둘째로는 세례의 진정한 의미는 무엇인가 입니다. 세례를 받기 전에 신자는 앞을 내다보며 이렇게 물어야 합니다. 나는 지금 물속으로 들어가려고 한다. 세례는 나에게 무엇을 해줄 수 있는가?라고 말입니다. 이 질문은 세례를 미리 고찰해 보는 것에 해당합니다. 그러나 세례를 받은 후 신자는 뒤를 돌아보며 이 두 번째 질문을 물어볼 필요가 있습니다. 내가 방금 경험한 것은 어떤 의미가 있는가? 라고 말입니다. 첫 번째 질문은 예견으로서 세례 받기 전에 갖는 이해에 해당하고, 두 번째 의미는 뒷궁리, 즉 세례 후의 그 확인 또는 그 규명에 해당합니다.

세례는 한 사람에게 무엇을 해줄 수 있는가?

믿고 세례를 받는 사람은 구원을 얻을 것이요 믿지 않는 사람은 정죄를 받으리라.(막 16:16)

성경의 "구원"이란 말씀의 의미를 분명히 해보겠습니다. 구원의 목적은 무엇입니까? 초신자는 이것을 쉽게 알 수 없을 것입니다. 그들은 구원에 대한 정확한 지식이 없기 때문입니다. 성경에 의하면, 구원은 지옥과 관계되지 않고, 세상과 관계됩니다. 영생의 반대가 멸망인 반면, 구원의 반대는 세상입니다. 우리는 세상으로부터 구원을 받아야 되게 되어 있습니다. 우리가 세상에 속해 있는 한, 우리는 멸망 상태에 있습니다.

성경에 나타나 있는, 세상에 관한 아주 중요한 네 가지 기본적인 사실을 주목해 보겠습니다. 첫째로 세상은 하나님 앞에 정죄 또는 심판 받은 상태에 있고, 둘째로 세상은 악한 자 안에 있고(요1 5:19), 셋째로 세상은 주 예수를 십자가에 못 박았고, 넷째로 세상은 하나님의 원수입니다. 세상은 죄를 지을 뿐만 아니라 주 예수를 십자가에 못 박았습니다. 그러므로 세상은 하나님의 적입니다. 이상은 하나님이 보시는 대로 세상에 대한 네 가지 기본적인 사실들입니다. 세상에 있는 사람은 모두 그들의 개인적 행실과 관계없이 벌써 심판을 받았고, 따라서 멸망 가운데 있습니다.

세상 사람들의 잘못은 각 사람의 개인적인 불의한 행실보다 훨씬 더 큽니다. 바로 그들의 위치 자체가 하나님 앞에 잘못되어 있습니다. 사람이 세상에 대한 애착을 아직 갖고 있다면 그가 어떻게 세상을 버릴 수 있겠습니까? 하지만 어떤 날 그는 하나님 앞에서 세상의 잘못된 위치를 볼 수 있게 됩니다. 세상이 아무리 사랑스럽더라도 그는 그것을 버려야 하는 것입니다. 그러므로 구원은 세상과의 부적절한 관계와 그 부적절한 위치에서 구출 받음을 다루게 되는 것입니다.

그러면 구원이란 무엇입니까? 구원을 받는다는 것은 세상에 대해서, 세상에서, 세상과의 친교와 그 입장과 그 관계에서 해방되는 것입니다. 환언하면, 내가 세상에서 벗어난다는 것입니다. 사람들은 대체로 그들의 개인적 정당화(변명)에 가장 관심을 갖고 있지만, 그들은 자기네가 어디로부터 구원을 받았는지 그 현장을 상기할 필요가 있습니다. 구원은 지옥으로부터 뿐만 아니라, 세상으로부터도 구원 받는 것입니다. 세상은 하나님의 심판 아래에 있기 때문입니다.

세례는 사람이 믿은 후에 뒤따라 옴

그가 누구든 주 예수를 믿는 사람이 영생을 받는다는 것에는 조금도 의심할 여지가 없습니다. 우리는 오랫동안 이 기쁜 소식을 전파해 왔습니다. 신자는 주 예수를 믿음과 동시에 그가 누구이든 영생을 받고, 따라서 영원히 하나님께 사랑을 받습니다. 그러나 세례를 받지 않고 믿는 것은 아직 구원이 아님을 기억합시다. 정말 당신은 믿었습니다. 정말 당신은 영생을 소유하고 있습니다. 그러나 세상 사람들의 눈에는 당신이 아직 구원받은 사람으로 간주되지 않습니다. 당신이 세례를 받지 않고 있는 한 당신은 구원받은 자로 인정되지 않을 것입니다. 어째서 입니까? 그 아무도 당신이 세상의 나머지들과 다르다는 것을 알지 못하기 때문입니다. 그러므로 당신이 일어나 세례를 받고, 당신이 세상과 관계를 끝장낸 것을 선언하지 않으면 안 됩니다. 그럴 때에, 오직 그럴 때에만 당신은 구원을 받은 것입니다.

세례란 무엇입니까? 그것은 세상으로부터 당신의 해방입니다. 세례는 당신이 한때 소속해 있던 동인회(同人會)로부터 당신을 자유하게 합니다. 세상은 당신이 그것(세상)과 하나였던 것을 알고 있었습니다. 그러나 당신이 세례 받는 순간 세상은 당신이 세상을 끝장낸 사실을 즉각 알게 됩니다. 당신이 오랫동안 유지해온 우정이 이제 끝장에 오게 된 것입니다. 당신은 무덤에 매장되었고, 세상에서 당신의 노정을 끝장내었습니다. 세례 전에 당신은 영생을 소유하게 된 것을 알았습니다. 세례 후에 당신은 구원 받은 것을 압니다. 당신이 주의 것이 됐음을 모두가 인정하는 것입니다. 당신이 그에게 속하기 때문입니다.

"믿고 세례를 받는 사람은 구원을 얻을 것이요" 어째서 인가요? 믿고 구원을 받았기 때문에 그가 어디에 서 있는지가 이제는 공공연한 사실이 된 것입니다. 믿음이 없으면 모든 것을 실재하게 하는 구원의 저 내면적 사실도 없을 것입니다. 하지만 이 내면적 사실과 함께 세례는 그 사람을 세상 밖에 놓게 되고 세상과의 이전의 관계를 끝내줍니다. 그러므로 세례받는 것은 동시에 분리인 것입니다.

세례 없이는 증언도 없다

"믿지 않는 사람은 정죄를 받으리라." 불신앙만으로 정죄를 받는 데에 충분합니다. 사람이 세상에 속해 있는 한, 그의 불신앙은 그의 정죄를 인쳐주는데 충분한 것입니다. 이와 반대로, 믿는 사람은 세례를 받지 않으면 안 됩니다. 그가 세례를 받지 않는 한, 그는 외면적 증언을 위해 세상 밖으로 나오지 않는 것입니다.

세례의 참된 의미는 무엇인가?

기독교인은 이제 세례를 받았으므로, 그는 뒤를 바라보며 세례의 의미를 평가할 필요가 있습니다. "무릇 그리스도 예수와 합하여 세례를 받은 우리는 그의 죽으심과 합하여 세례를 받은 줄을 알지 못하느냐?"(롬 6:3) "너희가 세례로 그리스도와 함께 장사되고 또 죽은 자들 가운데서 그를 일으키신 하나님의 역사를 믿음으로 말미암아 그 안에서 함께 일으키심을 받았느니라."(골 2:12) 이 구절은 앞이 아니라 뒤를 바라보는 것에 해당합니다.

로마서 6장은 이어 부활을 언급할지라도 죽음과 매장을 강조하고 있습니다. 그러나 골로새서 2장은 매장과 부활을 강조하고 있습니다. 그러므로 한 단계 더 나아갑니다. 그 초점을 부활에 기울이고 있기 때문입니다. 물은 무덤 구실을 합니다. 매장된 것은 죽은 것이 틀림이 없습니다. 그러나 거기서 떠오른 것은 부활상태 가운데 살아 있는 것에 틀림없습니다. 로마서는 이 진리의 첫 부분을 서술하고, 골로새서는 같은 진리의 뒷부분을 서술하고 있습니다.

그러므로 사랑하는 당신이 세례의 물속으로 발걸음을 내딛고 있거나, 여러 해가 지난 다음 당신의 세례를 뒤돌아볼 때에 당신은 벌써 죽은 자임을 기억할 필요가 있습니다. 당신이 죽었다고 믿고 있기 때문에 사람들이 당신을 매장시켜 줄 것을 당신이 요청하는 것입니다. 당신이 죽기 전에 누군가가 당신을 묻으려고 한다면 당신이 완강히 반대할 것이 틀림없습니다. 비록 당신이 너무 쇠약해서 반대하는 목소리를 낼 수 없더라도 당신이 마지막 숨을 거두기 전에는 당신이 저항할 것이 틀림없습니다. 그러므로 죽음은 매장의 필요조건입니다.

새 신자들은 주 예수께서 십자가형 당하실 때 그들 또한 십자가에 못 박혔음을 가르침 받아야 합니다. 그들이 물속에 매장 되어야 한다는 요청은 이것에 기초하고 있는 것입니다. 그러나 주 예수께서 죽은 자 가운데서 살리심 받은 것 같이 그들 또한 그들 안의 부활의 능력의 작용을 통해 부활될 것입니다. 물에서 나옴으로서 그들은 부활한 자들이 됩니다. 그들은 더 이상 이전의 그들의 자아가 아닙니다.

이것은 그들이 자주 상기해야 할 중요한 점입니다. 그들이 죽은 것을 믿고 나서 그들은 매장을 요청합니다. 물에서 나오고 나서 그들은 따라서 새 생명 가운데서 행하게 될 것입니다. 그들은 이제 부활 영역 안에 있는 것입니다.

제2과
과거를 청산하기

암송구절: 그런즉 누구든지 그리스도 안에 있으면 새로운 피조물이라 이전 것은 지나갔으니 보라 새것이 되었도다.(고후 5:17)

사람이 주를 믿은 후에는 정리하기를 기다리고 있는 과거의 많은 일들을 반드시 갖게 되기 마련입니다. 그러므로 우리가 물어야 할 질문은 다음과 같습니다. 그가 그 일들을 어떻게 마무리해야 하는가? 라고 말입니다.

성경의 가르침

성경에서, 특히 신약성경에서 하나님은 사람이 주를 의지하기 전에 행한 일들에 대해서는 많은 것을 강조하시는 것 같지 않습니다. 과거를 청산하는 일을 다루는 구절들을 마태복음과 계시록 사이에서 찾아보십시오. 당신이 그렇게 하려고 하면, 그런 구절들을 찾기가 극히 어려움을 인정해야 할 것입니다. 그렇습니다. 서신들은 과거의 우리의 부적절한 삶의 태도를 자세히 말씀하고 있습니다. 서신들은 앞으로 우리의 행동이 어떠해야 하는지를 보여줍니다. 하지만 우리의 과거를 어떻게 해야 할 것인지를 제시하지는 않습니다. 이를테면, 에베소서와 골로새서의 두 서신에 우리의 과거가 진술되었습니다. 그러나 어느 서신도 우리가 그것을 어떻게 마무리해야 하는지를 말씀해 주지 않습니다. 다만 우리가 이후에 해야 할 것만을 다루고 있습니다. 데살로니가 서신에서도 같습니다. 이 두 서신 역시 과거를 마무리 할 방법을 명시하지 않고 과거를 상기시켜 줍니다. 다시 미래를 강조하고 있는 것입니다. 마치 과거는 더 이상 문제가 되지 않고 있는 것입니다. 그러나 과거를 적절히 마무리 지을 필요가 있음은 의심할 나위가 없습니다.

  복음에 관한 어떤 잘못된 개념 때문에 과거를 다루는 것이 가끔 강조되어 사람들을 예속시키는 일이 있습니다. 우리는 과거가 처리될 필요가 없다고 암시하는 것이 아닙니다. 과거를 다루도록 요청하는 것들이 조금은 있기 때문입니다. 하지만, 이 일이 근본 중요한 것이라고 주장해서는 안 됩니다. 우리의 모든 과거의 죄는 피 아래 있다고 하나님께서 우리에게 말씀해 주십니다. 주 예수께서 우리를 위해 죽으셨기 때문에 우리는 완전히 용서받고 있는 것입니다. 우리는 우리의 대속물이신 그리스도를 통해 구원받습니다. 과거를 다루는 근거에 따라 우리가 구원받는 것이 아닙니다. 아무도 과거의 선행으로 구원받는 것이 아니며, 아무도 과거의 악에 대한 회개 때문에 구원받는 것도 아닙니다. 우리는 십자가 위 주 예수께서 성취하신 구속을 통해 구원 받습니다. 이것만이 우리가 굳게 서 있는 기초입니다.

다루어야 할 것

그렇다면 과거의 무엇을 다루어야 하겠습니까? 신약성경을 세심히 살펴본 후, 과거를 끝마무리하는 이 문제가 진술된 곳이 몇 군데 있음을 알게 됩니다. 그러나 이 경우들은 모두 실례들이지, 그것의 아무것도 가르침은 아닙니다. 우리 주는 과거를 해결하는 지침으로서 이렇게 몇 가지 실례를 우리에게 주셨습니다.

1. 우상의 일들은 청산되어야만 한다

"…너희가 어떻게 우상을 버리고 하나님께로"(살전 1:9). 우상과 관계된 일들은 많은 사람이 생각하는 것처럼 그렇게 단순한 것이 아닙니다. 우리가 성령의 전임을 기억하십시오. 하나님의 성전과 우상이 일치되는 점이 어디 있습니까? 사도 요한조차 신자들에게 쓰는 중 이렇게 권면합니다. "자녀들아 너희 자신을 지켜 우상에게서 멀리하라"(요일 5:21).

우리는 성경에서 우상 숭배를 보는 방식을 이해하지 않으면 안 됩니다. 하나님은 어떠한 새긴 형상이나, 위로 하늘에나 아래로 땅이나 물속에 어떠한 형상도 만들지 말라고 하십니다. 또 이 형상들이 살아있다는 여하한 생각도 품는 것을 금하십시다. 그런 생각을 품는 순간 이 형상들은 우상이 됩니다. 형상들 자체는 아무것도 아닙니다. 그러나 만약 그것들이 살아 있다고 간주되면, 그것들은 마성(魔性)을 띠는 것입니다. 이런 까닭에 이 형상들의 숭배를 엄격히 금하시고 있습니다. 어느 누구의 마음도 그것들을 향하게 허락되어서는 안 됩니다. 10계명 중 한 계명은 형상을 만드는 것을 금하고 있습니다(신 5:8).

"또 그들의 신들을 탐구하여 이르기를 이 민족들은 그 신들을 어떻게 섬겼는고…하지 말라"(신 12:30 후반). 호기심 때문에 다른 신들을 탐구하지 마십시오. 민족들이 그들의 신들을 어떻게 섬기는지 묻지 마십시오. 하나님은 우리가 그렇게 탐구하는 것을 금하십니다. 이것은 민족들의 길을 따르는 데로 이끌리게 되기 때문입니다.

신자는 그리스도에 대한 그의 신앙생활의 첫날부터 시작하여 우상들과 관계되는 일들로부터 관계를 끊지 않으면 안 됩니다. 신자는 더 이상 우상들의 이름을 들먹여서도 안 되고, 점쟁이들과 의논해서도 안 됩니다. 신자는 이방신전에 가까이 해서는 안 되며, 형상을 숭배하는 어떤 생각도 품어서는 안 됩니다. 과거는 철저히 청산되지 않으면 안 됩니다. 그가 갖고 있을지 모를 어떠한 우상이든 팔아서는 안 되며, 부서뜨려 산산조각 내어야 합니다. 우상들은 박살내야 합니다. 이것은 매우 중대한 일입니다. 하나님이 우상들을 극히 경계하시기 때문입니다.

2. 청산해야 할 것들

"또 마술을 행하던 많은 사람이 그 책을 모아 가지고 와서 모든 사람 앞에서 불사르니 그 책값을 계산한즉 은 오만이나 되더라." (행 19:19). 이것 또한 초신자가 청산하지 않으면 안 되는 것입니다. 명령이나 가르침이 없더라도 그런 처리는 분명히 성령의 사역의 결과입니다. 성령이 신자들 안에 그렇게 역사하심으로서 그들이 소유하지 않고 불에 태워야 할 것들을 가져오게 된 것입니다. 사도행전 19장에 진술된 책들은 은 5만 개의 값이 나갔습니다. 큰 돈입니다. 하지만 그것들을 팔아 교회가 그 수익금을 사용하게 하지 않았습니다. 그렇게 하기는커녕 그것들을 불태웠습니다. 유다가 거기 있었다면 불태우는 것을 확실히 반대했을 것입니다. 책들의 가치는 은 30보다 훨씬 가치가 컸기 때문입니다. 그 돈이 가난한 자들을 위해 사용될 수도 있었을 것입니다. 그러나 주는 책들을 불태우는 것을 기뻐하셨습니다. 청산되어야 할 것들이 몇 가지 있습니다. 우상들이 그 하나이고, 마술에 관한 책들도 그렇습니다. 의심스러운 것들을 모두 처리해야 합니다. 도박 기구나 음란서적 같은 죄와 뚜렷이 관련된 것들을 불에 태워야만 한다는 성경의 실례를 갖고 있습니다. 성도들에게 어울리지 않는 것들은 어떻습니까? 비신자의 가정에서 죄와 관련된 것들을 보게 되고, 성도들에게 어울리지 않는 것을 보게 되는 것은 당연합니다. 따라서 누구든 주를 믿은 다음에는 집으로 가서 소유물들을 살펴보아야 합니다. 죄와 관련되는 것들은 팔지 말고 박살내야 합니다. 옷의 경우와 같은 성도에게 어울리지 않는 것들은 가능하면 변형시키거나 팔아치울 수 있습니다.

3. 빚은 상환해야만 한다

"삭개오가 서서 주께 여짜오되 주여 보시옵소서 내 소유의 절반을 가난한 자들에게 주겠사오며 만일 누구의 것을 속여 빼앗은 일이 있으면 네 갑절이나 갚겠나이다."(눅 19:8). 삭개오는 우리에게 좋은 모범을 보여 줍니다. 이상하게도 이 주제에 대한 가르침은 없습니다. 그러나 각 신자는 성령의 감동을 받는 대로 행하곤 합니다. 이런 까닭에 여기서는 조금 더, 저기서는 조금 적게, 각자가 성령의 인도하심을 따라 행합니다. 만약 이것이 단순히 교리나 가르침에 관한 것이라면 모든 것을 균일하게 행하게 되겠지요.

한 초신자가 과거에 누군가를 강탈했거나 속였거나, 도둑질 했거나, 무언가를 불의하게 소유하게 됐다면, 주께서 그 안에 역사하시는 대로 이 일들을 처리해야 할 것이라고 우리는 믿습니다. 금전적으로는 그가 횡령한 것을 청산할 힘이 없을 수 있습니다. 이것으로 그가 하나님께 용서받는데 영향을 주지는 않겠지만, 이것은 그의 복음 증거에 뚜렷한 영향을 줄 것입니다.

그가 누군가에게 악행했거나 횡령했다면, 또는 그가 불의하게 획득한 물건들을 집에 가져온 일이 없는지 초신자는 스스로 물어볼 필요가 있습니다. 만약 그렇게 했다면, 하나씩 처리함으로써 그것들을 모두 깨끗이 정리할 수 있을 것입니다. 기독교인의 회개는 과거의 허물들을 자복하는 것도 포함시킵니다. 그것은 단순히 행동의 변화만을 포함하는 보통 회개와는 다릅니다. 이를테면, 만약 내가 속물이어서 지난날에 자주 화를 냈다면 그 일을 되풀이 하지 않음으로서 나의 회개를 보여주는 것으로 충분합니다. 그러나 행위의 변화에 더하여 나는 한 기독교인으로서 화를 내는 것은 잘못이었음을 또한 고백하지 않으면 안 됩니다. 나는 하나님 앞에 화를 자제해야할 뿐만 아니라, 화를 내던 이전의 허물을 사람들 앞에 고백하지 않으면 안 됩니다. 이렇게 해서 이 문제는 청산될 것입니다.

제3과
모든 것을 팔아버림

암송구절: 한 사람이 두 주인을 섬기지 못할 것이니 혹 이를 미워하고 저를 사랑하거나 혹 이를 중히 여기고 저를 경히 여김이라 너희가 하나님과 재물을 겸하여 섬기지 못하느니라.(마 6:24)

누가복음 18장의 젊은 관리의 예로부터 시작해 봅시다. 그는 하나님 앞에 품행이 단정한 사람이었지, 불량한 사람이 아니었습니다. 그는 계명을 모두 지켰고, 주를 선한 선생이라고 부름으로서 주 예수께 합당한 존경을 보였습니다. 따라서 주 예수는 그를 아주 귀중한 사람으로 생각하셨습니다. 그런 사람을 만나기가 쉽지 않았기 때문입니다. 예수께서 그를 바라보시고 그를 사랑하셨습니다.

그러나, 주는 한 가지 요구 조건을 내어 놓으셨습니다. 누구든 그를 섬기려면, 완벽해야만 하는 것입니다. 주께서 하신 말씀을 주목하십시오. "네가 온전하고자 할진대… 네게 아직도 한 가지 부족한 것이 있으니…"(마 19:21, 눅 18:22). 환언하면, 주는 그를 따르는 사람들이 그를 어떤 것에도 부족함 없이 완벽히 따르기를 바라십니다. 사람들이 그들의 문제 중 99개는 해결했지만 아직 한 가지 문제가 해결되지 않았으면 하나님을 따를 수 없습니다. 하나님을 따르려면 온전함이 요구됩니다. 그것은 모두이어야지 그렇잖으면 조금도 아닙니다. 과연, 이 젊은 관리는 어릴 적부터 계명을 모두 지켰습니다. 그는 습관적으로 하나님을 경외했습니다. 그러나 한 가지가 부족했습니다. 모든 재산을 팔아 소유물을 가난한 자들에게 나누어줄 필요가 있었습니다. 그러면 그가 와서 주를 따르게 될 길이 확실했을 것입니다.

  이 엄격한 요구를 확실히 이해하지 않으면 안 됩니다. 성경의 기록에 따르면 그 젊은이가 이 말씀을 듣자, 슬픔에 잠겨 가버렸다고 했습니다. 큰 재산을 소유한 사람이었기 때문입니다. 그는 주께 그토록 가까이 와서 주를 그토록 확실히 보고나서도 자기 재산을 지키기로 결심했기 때문에 슬퍼하게 된 것입니다. "돈을 사랑함이…이것을 탐내는 자들은…많은 근심으로써 자기를 찔렀도다"(딤전 6:10). 사람들이 재산을 쌓을 수는 있으나 행복을 쌓을 수는 없습니다. 그들이 재산을 모을 적에는 불행도 함께 모읍니다. 재산을 축적할 때는 슬픔과 문젯거리도 축적합니다. 여기에 재산을 간직했으나 주를 따를 수 없었던 한 젊은이가 있었습니다. 당신이 원하는 것이 재산이라면, 당신은 주를 따를 생각을 할 필요가 없습니다. 재산을 간직하는 것은 당신의 슬픔을 간직하는 것이요, 재산과 슬픔은 항상 함께 하는 것입니다. 자기 재산을 포기하는 사람은 행복한 사람이요, 그것을 나누기를 싫어하는 사람은 슬픈 사람입니다. 이 말은 항상 참됩니다. 물질을 탐하는 사람들은 슬픔 가운데 삽니다. 바라옵기는 새로 구원 받은 기독교인이 모든 것을 제쳐놓고 주를 따름으로서 행복을 얻게 하옵소서.

주 예수께서 한 문장으로 대답하셨고, 이 한 문장에 문제의 요점이 모두 들어 있습니다. 우리 또한 이 말씀을 꼭 붙잡읍시다. "무릇 사람이 할 수 없는 것을 하나님은 하실 수 있느니라"(눅 18:27). 하나님 나라에 들어가기 위해 모든 것을 버리는 것 같은 일은 이 세상에서는 들어볼 수 없는 것입니다. 주는 이것이 인간으로서는 불가능한 것임을 인정하십니다. 젊은 관리가 잘못됐던 점은, 모든 것을 팔아버리지 못하는 그의 무능 때문이 아니라 오히려 슬픔에 잠긴 그의 떠나감 때문이었습니다. 사람들이 모든 것을 팔아 가난한 사람들에게 나누어주는 것이 불가능함을 하나님은 아십니다. 그러나 젊은이가 슬픔에 젖어 떠났을 때, 이 일은 하나님께도 불가능했다고 그 청년은 결론지었던 것 같습니다. 물론 내가 내 모든 것을 버리지 않는 것은 잘못입니다. 그러나 주께서 모든 것을 아시고 있지 않습니까? 그래서 주께서 이렇게 선언하십니다. "무릇 사람이 할 수 없는 것을 하나님은 하실 수 있느니라." 낙타를 바늘귀로 통과시킬 수 있는 사람이 어디 있겠습니까? 불가능합니다. 이렇게, 땅 위의 인간들은 모두 부귀를 사랑하기 때문에, 그들에게 모든 것을 팔라고 한다면 불가능한 것을 요구하는 것과 같습니다. 그러나 만약 내가 슬픔에 젖어 가버린다면, 나는 정말 잘못된 것입니다. 내가 하나님의 능력을 제한시켰기 때문입니다.

삭개오의 교훈(눅 19:1-10)

삭개오는 유대인이었지만 로마정부를 위해서 일했습니다. 유대인의 관점에서 보면 그는 반역자였습니다. 로마제국에 협력했기 때문입니다. 그는 로마제국이 자기 백성들로부터 세금 거두는 일을 도왔습니다. 더우기, 그는 죄인이었습니다. 그는 어린 시절부터 계명을 지킨 그 젊은 관리와 같은 훌륭한 성품을 지니지 못했습니다. 그는 다른 세리들처럼 탐욕스러워서 할 수 있는 만큼 강제로 갈취했습니다. "나를 보내신 아버지께서 이끌지 아니하시면 아무도 내게 올 수 없으니"(요 6:44). 키가 작은 삭개오는 예수님을 보러 나무 위로 올라갔습니다. 그런데 주는 그를 보시고 설교하시지 않았습니다. "당신은 회개하고 당신의 죄를 자복해야 한다."고도 말씀하시지 않았고, 강탈과 탐욕을 꾸짖지도 않으셨고, 모든 것을 팔아 가난한 사람들에게 주고 나를 따르라고도 하시지 않으셨습니다. 설교는 없었고, 다만 이 몇 마디만을 말씀하셨습니다. "삭개오야 속히 내려오라. 내가 오늘 네 집에 유하여야 하겠다." 권면의 한 말씀도 없었습니다. 다만 개인적 접촉, 사사로운 만남만 있었습니다. 주를 갈망했던 마음이 그를 선택하신 주를 만나게 됐습니다. 삭개오는 교리에 대해서는 아무것도 전혀 몰랐습니다.

여기서 한 가지 강조점을 주목합시다. 주는 어떤 교리도 설교하시지 않고 다만 "내가 네 집에 유하여야 하겠다."라고만 하셨습니다. 하지만 이 한 마디만으로 충분했습니다. 실제로 주는 아직 삭개오의 집에 오시지 않았습니다. 다만 그의 오심만을 암시하셨습니다. 그러나 이것으로 충분했습니다. 주가 계시는 곳에서 돈에 대한 사랑은 떠나는 것입니다. 주가 오실 때에 모든 문제는 해결되는 것입니다. 삭개오의 집에 가시려는 주의 바람은 마치 그가 벌써 거기에 계신 듯 강렬했습니다. 바로 이 간단한 말씀 "내가 네 집에 유하여야 하겠다."는 말씀이 삭개오를 파산케 했습니다. 그가 서서 이렇게 선언한 것입니다. "주여, 보시옵소서 내 소유의 절반을 가난한 자들에게 주겠사오며 만일 누구의 것을 속여 빼앗은 일이 있으면 네 갑절이나 갚겠나이다."

젊은 관리는 주께 권면을 받았으나 순종하지 못했습니다. 삭개오는 설득조차 받지 않았지만 주의 바람을 전적으로 따랐습니다. 둘 다 부자였습니다. 대체로 말하면, 사람은 나이가 들수록 돈을 좋아합니다. 그러나 여기서 자기 재산을 내려놓은 사람은 연장자였습니다. 젊은 관리가 "사람은 할 수 없는 것"을 나타내는 반면, 삭개오는 "하나님은 하실 수 있느니라."를 나타냅니다. 모든 것을 팔고 주를 따르는 것은 사소한 일이 아닙니다. 그렇게 하기가 쉽지 않은 것입니다. 누가 기꺼이 자기 재산을 버리려고 하겠습니까? 미치지 않았으면, 아무도 자기의 모든 소유물과 즉각 헤어지려 하지 않을 것입니다. 그러나 삭개오의 이야기는 사람은 할 수 없는 것을 하나님은 하실 수 있음을 우리에게 보여줍니다. 삭개오는 어떤 가르침을 듣거나 받아들임이 없이 주께서 원하신 것을 행했습니다. 이것은 그 일이 얼마나 쉽게 행하여질 수 있는지를 실화로 보여 줍니다.

오늘을 위한 하나님의 길

누가복음 18장과 19장을 주목해 보십시오. 그 한 장에서 한 젊은 관리는 주께 모든 것을 팔라는 지시를 받았지만 슬픔에 젖어 떠나갔고, 또 한 장에서 삭개오는 요청을 받지도 않았지만 모든 것을 버렸습니다. 주님 당시 이 땅에서 우리 주는 백성들에게 모든 것을 버리고 그를 따르라고 요청하셨습니다. 이와 같이 교회 역시 창설된 직후 같은 일을 수행했습니다. 사도행전 2장과 4장에 보면 교회가 시작할 때는 모든 것을 공동으로 소유했습니다. 즉 신자들의 어느 한 사람도 그의 소유물의 어느 하나도 자기의 것이라고 말하지 않았습니다. 환언하면, 주의 손이 구원받은 모든 사람들 위에 있었습니다. 그들이 일단 영생을 얻으면, 그들의 소유물은 그 움켜쥐는 힘을 잃기 시작했고, 당연히 그들은 자기들의 집과 재산을 팔았습니다.

주를 따르려는 오늘의 우리들에게 이 원칙을 적용하면, 우리의 많은 소유가 주의 간섭을 받아야 할 것은 아주 당연합니다. 이것을 우리의 것으로 보지 않도록 우리의 태도는 변화되어야 합니다. 그러면 아무도 이것 또는 저것이 나의 소유라고 말하지 않게 될 것입니다. 아무도 모든 것을 자기의 것이라고 주장하지 않게 될 것입니다.

하나님이냐 재물이냐

우리가 한 주인만을 섬길 수 있다고 말씀하는 마태복음 6장으로 돌아가 봅시다. 우리는 하나님과 재물을 겸하여 섬길 수 없습니다.

재물(혹은 재산)은 지난날에 많은 사람들이 섬겨온 우상입니다. 그런 섬김이 마음을 꽉 움켜쥐고 있습니다. 하지만 이제 우리가 하나님을 섬기려면, 우리가 누구를 섬길지, 하나님인지 재물인지를 선택하지 않으면 안 됩니다. 우리는 둘 다 섬길 수 없습니다. 주께서 뭐라고 말씀하십니까? "네 보물 있는 그곳에는 네 마음도 있느니라." 그런데 어떤 형제가 제게 이렇게 말해준 적이 있습니다. "내 보물은 땅에 있지만, 내 마음은 하늘에 있어요." 그런 형제는 희귀한 물건이므로 기독교 박물관에나 전시해야 하지 않겠습니까! 주는 그럴 수 없다고 말씀하시는데도 이 사람은 "그럴 수 있다."란 말을 발명해 냅니다. 기적보다 더 대단하지 않습니까? 하지만, 주의 말씀은 솔직하고 확실합니다. 사람의 마음은 항상 보물을 따르기 마련입니다. 이것에서 피하거나 모면할 길이 없습니다. 사람이 무엇이라 추리하든 간에 사람의 마음은 그의 보물을 따라가게 마련입니다.

"너희를 위하여 보물을 땅에 쌓아 두지 말라"(마 6:19). 그렇게 하면 당신은 하나님이 아니라 재물을 섬기며 마침내 끝날 것입니다. 당신은 하나님과 재물을 둘 다 섬길 수 없습니다. 당신은 이것이든지 저것이든지 선택하지 않으면 안 됩니다. 재물을 선택한다면 얼마나 불리하겠습니까? 그런 보물은 좀과 녹이 쓸고 도적들에게 피해를 입기 쉽습니다. 그러므로 하나님을 섬기는 법을 배웁시다. 우리가 갖고 있는 것을 모두 하나님께 드리고, 이 땅에서 가장 단순한 삶을 유지하며 살아갑시다.

제4과
헌신

암송구절: 그러므로 형제들아 내가 하나님의 자비하심으로 너희를 권하노니 너희 몸을 하나님이 기뻐하시는 거룩한 산 제물로 드리라 이는 너희가 드릴 영적 예배니라.(롬 12:1)

새신자를 훈련하여 굳게 세우기 위해 해결해야 할 첫째 문제는 헌신의 문제입니다. 그러나 그가 이 과목을 받아들일 수 있는가 없는가는 그가 얼마나 잘 구원 받았는가에 크게 좌우됩니다. 복음이 제대로 제시되지 않았으면, 주 예수께 오는 사람이 자기가 하나님께 큰 호의를 베풀고 있다고 생각할지 모릅니다. 그런 사람이 기독교인이 되면 기독교에 많은 영광을 더하게 될 것이 아니겠습니까! 그런 착각을 받는다면 누구인들 어떻게 그에게 헌신에 대해 말해 줄 수 있겠습니까? 여왕이더라도 기쁘게 그녀의 왕관을 주의 발 앞에 기쁘게 드리는 곳에 와야 하지 않겠습니까. 사랑 받고 구원 받음에서 은혜를 입는 것은 우리라는 것을 우리 모두가 알 필요가 있습니다. 그럴 때에만 모든 것을 기꺼이 내려놓을 수 있습니다.

헌신의 기초

신약 성경을 먼저 살펴봅시다. 거기서 그들을 위해 죽으시고 다시 부활하신 주를 위해 살도록 하나님의 자녀들이 어떻게 사랑의 강권하심을 받고 있는지 보게 됩니다(고후 5:14).

"강권하다"란 말씀은 사람이 피할 수 없이 꽉 붙잡히다, 또는 둘러싸인다는 뜻입니다. 사람이 사랑으로 감동을 받을 때는 그런 느낌을 경험하게 될 것입니다. 사랑이 그를 에워싸므로 그가 무력하여 속수무책이 될 것입니다.

그러므로 사랑이 헌신의 기초입니다. 아무도 주님의 사랑을 느낌 없이 자기를 드릴 수 있는 사람은 없습니다. 그가 그의 삶을 드릴 수 있기 전에 그는 주의 사랑을 알아야만 합니다. 주의 사랑이 보이지 않으면 헌신에 관한 논의는 쓸데없는 결과가 되는 것입니다.

하지만 헌신은 권한 또는 신성한 특권에 기초를 두고 있습니다. 이것이 고린도전서 6장 19-20절에서 보게 되는 진리입니다. "너희 몸은 너희가 하나님께로부터 받은바 너희 가운데 계신 성령의 전인 줄을 알지 못하느냐? 너희는 너희 자신의 것이 아니라 값으로 산 것이 되었으니 그런즉 너희 몸으로 하나님께 영광을 돌리게 하라." 오늘 기독교인들 사이에 값으로 사신바 된다는 이 내용이 명확히 이해되고 있지 않는 것 같습니다. 그러나 로마제국 시대의 기독교인들에게 이 문제는 완전히 분명했습니다. 어째서 입니까? 그 당시 그들은 인간 시장을 갖고 있었기 때문입니다. 사람이 시장에 가서 닭이나 오리를 살 수 있었던 것 같이 인간 시장에서 인간들을 살 수 있었습니다. 단 하나 차이는 음식 값은 얼마만큼 정해져 있었던 반면, 인간 시장의 각 영혼의 값은 경매에 붙여서 확정되었습니다. 누구든 최고의 값을 부른 사람이 그 사람을 차지했으며, 누구든 노예를 소유한 사람은 그 위에 절대 권한을 가졌습니다. 바울은 우리 주께서 우리를 위해 행하신 것과, 그가 어떻게 우리를 하나님께로 구입하시기 위해 그의 생명을 몸값으로 주셨는지 보여주기 위해 이 은유를 사용하고 있습니다. 주는 큰 값을, 그의 목숨을 대가로 치르셨습니다. 따라서 오늘 이 구속 사역으로 인해 우리는 우리의 권리를 포기하고 우리의 주권을 몰수당합니다. 우리는 더 이상 우리 자신의 것이 아닙니다. 주의 소유물이기 때문입니다. 그러므로 우리는 몸으로 하나님께 영광 돌리지 않으면 안 됩니다. 우리는 값으로, 십자가의 피로 사신바 되었습니다. 우리가 값으로 사신바 되었으니 당연히 하나님의 특권에 따라 그의 소유가 되었습니다.

한편, 사랑 때문에 우리는 그를 섬기기로 선택합니다. 법적 권리 때문에 우리는 우리들 자신의 것이 아니며, 그를 따르지 않으면 안 됩니다. 이외에 우리는 달리 행할 수 없습니다. 구속의 권리에 따라 우리는 그의 소유이며, 구속이 우리 안에 발생시키는 사랑에 따라 우리는 그를 위해 살지 않으면 안 됩니다. 헌신의 한 가지 기초는 법적 권리이며, 또 다른 기초는 응답하는 사랑입니다. 헌신은 이렇게 법에 입각한 권리와 동시에 사람의 느낌을 초월하는 사랑에 그 기초를 두고 있습니다. 이상의 두 가지 이유 때문에 우리는 주께 소속되지 않을 수 없습니다.

헌신의 진정한 의미

사랑에 강요당하는 것은 아직 헌신이 아님을 알아야 합니다. 한 사람이 사랑으로 강권함을 받고 주의 명령을 본 후에도 그는 추가적인 그 무엇을 행할 필요가 있습니다. 이 여분의(가외의) 단계가 그를 헌신의 위치에 두게 되는 것입니다. 주의 사랑으로 강권하심을 받고, 그가 값 주고 사신바 된 것을 알고 나서 그는 전적으로 주의 것이 되기 위해서 조용히 자기를 모든 것에서 따로 떼어 놓습니다. 이것이 구약 성경에 묘사된 헌신입니다. 이것이 주를 섬기는 직분인 성직을 받아들임 입니다. "오 주여, 제가 사랑을 받고 있으니 제가 당신을 위하여 저 자신을 모든 것에서 분리시키는 일 외에 다른 무슨 일을 할 수 있습니까? 이후부터는 아무도 제 손이나 발이나 입이나 귀를 사용할 수 없습니다. 이 두 손은 당신의 일을 하기 위한 것이며, 제 두 발은 당신의 길을 걷기 위한 것이며, 제 입은 당신을 찬양하고, 제 귀는 당신의 음성에 귀를 기울이기 위한 것입니다." 이것이 헌신입니다.

당신이 노예를 한 사람 구입해서 그를 집에 데려왔다고 생각해 보십시오. 당신 집 문에서 그 사람은 무릎을 꿇고 당신에게 경의를 표하며 "주인님, 당신께서 저를 사셨습니다. 오늘 저는 당신의 말씀에 기쁘게 귀를 기울이겠습니다." 당신이 그를 구입한 것과, 그가 당신 앞에 무릎을 꿇고 당신을 섬기려는 소원을 그가 선언하는 것은 별개의 문제입니다. 당신이 그를 구입했기 때문에 그가 당신의 권리를 인정합니다. 그러나 그가 그런 사람이더라도 당신이 그를 사랑했기 때문에, 그는 자기를 전적으로 당신의 것이라고 선언하는 것입니다. 이것만이 헌신입니다. 헌신은 사랑보다 더한 것이며 구입보다 더한 것입니다. 이것은 사랑과 구입에 뒤이어 오는 행동입니다. 이후로 자기를 헌신해서 바치는 사람은 이 세상의 모든 것으로부터, 이전의 그의 모든 주인들로부터 자기를 분리시키며, 그는 이 한 주인의 일들만을 행하는데에 자기를 제한시킵니다. 이것이 헌신의 진정한 의미입니다.

헌신의 목적

헌신은 하나님을 위한 설교나 일을 하는 것을 목표하지 않고, 하나님을 섬기는데 있습니다. 성경 원어에서 "섬김"이란 말씀은 "시중들다"는 의미입니다. 즉 하나님을 섬기기 위해 시중든다는 것입니다. 헌신이 끊임없는 노동을 반드시 의미하지는 않습니다. 그 목적은 하나님을 시중드는 것이기 때문입니다. 우리가 하나님이 일어서기를 원하시면, 우리는 일어섭니다. 우리가 기다리기를 그가 원하시면, 우리는 기다립니다. 우리가 달려가기를 원하시면, 우리는 달려갑니다. 이것이 "그를 시중든다는 참 의미입니다."

하나님이 우리에게 요구하시는 것은, 강단에 오르는 목적이나 먼 지역의 복음화를 위해서가 아니라, 우리 몸을 그에게 바치어 그를 시중들게 하기 위함입니다. 어떤 이들은 강단을 받아들여야 할 것입니다. 그들이 하나님께 거기로 보내심 받기 때문입니다. 어떤 이들은 먼 땅으로 가도록 강권하심 받을 것입니다. 그들이 가도록 하나님께 위임받기 때문입니다. 일 자체는 다양하지만, 소비되는 시간은 같습니다. 한 평생입니다. 우리는 하나님을 시중드는 법을 배울 필요가 있습니다. 우리가 우리의 몸을 바치는 것은 우리가 섬기는 사람들이 되기 위한 것입니다.

일단 기독교인이 되면, 우리는 한 평생 하나님을 섬기지 않으면 안 됩니다. 의사가 기독교인이 되는 즉시 의술은 그의 직업이 되는 것에서부터 부업으로 물러갑니다. 기술자의 경우에도 같을 것입니다. 주의 요구가 첫 우선순위를 차지하기 때문입니다. 하나님을 섬기는 것이 주된 직업이 됩니다. 주께서 허락하시면, 생계를 유지하기 위해 내가 의술이나 기술자 일을 할 수 있습니다. 그러나 이것들의 어느 것도 내 필생의 사업으로 만들 수는 없을 것입니다. 초기의 제자들의 일부는 어부였습니다. 그러나 주를 따른 후 그들은 더 이상 크고 성공적인 어부가 되기를 소망하지 않았습니다. 그들이 간간이 물고기 잡이를 허락받기는 할 것입니다. 그러나 그들의 운명은 변화된 것입니다.

하나님, 우리에게 은혜 주시어, 특히 초신자들에게 주시어 우리의 직업이 어떻게 변화되었는지 우리 모두 보게 해주옵소서. 모든 교우들, 의사들, 간호사들, 엔지니어들과 기업가들에게 그들의 직업이 이제 하나님을 섬기는 것임을 보게 해주옵소서. 이제 그들의 과거의 직업은 부업으로 물러갔습니다. 그들은 그들의 특수 분야에 대해 너무 야망을 품어서는 안 됩니다. 주께서 그들의 일부에게는 특별한 위치를 아직 주고 계실지라도 말입니다. 하나님을 섬기는 우리는 세상에서 번영할 것을 기대할 수 없습니다. 이후 우리는 하나님만을 섬기게 되어 있습니다. 우리는 다른 길이나 운명을 갖고 있지 않습니다.

헌신함에서, 우리의 기도는 다음과 같습니다. "오 주여, 당신께서 제게 당신 앞에와 당신을 섬길 기회와 특권을 주셨습니다. 저는 당신의 것입니다. 이후로 저는 제 귀와 손과 발이 피로 값 주고 사신 것이므로 오직 당신의 것일 뿐입니다. 세상은 그것을 더 이상 사용할 수 없으며, 저도 이것들을 사용하지 않겠습니다." 그러면, 그 결과가 어떻습니까? 그 결과는 거룩입니다. 헌신의 열매는 거룩입니다. 출애굽기 28장에 우리는 한편으로는 헌신과 또 한 편으로는 주께 대한 거룩을 갖고 있습니다. 우리가 기독교인들이 된 후 우리는 다른 모든 것에 대하여 쓸모가 없게 된 것을 볼 필요가 있습니다. 이것은 우리가 세속 일에서 덜 신실해야 할 것을 의미하지 않습니다. 그렇습니다. 우리는 관계 당국에 복종해야 하며, 우리의 과업을 충실히 수행해야 합니다. 그러나 우리는 우리의 삶이 하나님을 섬기는 길에서 쓰여지지(must be spent) 않으면 안 될 것을 하나님 앞에서 알아야 합니다. 다른 모든 직업은 부업인 것입니다.

제5과
성경 공부

암송구절: 모든 성경은 하나님의 감동으로 된 것으로 교훈과 책망과 바르게 함과 의로 교육하기에 유익하니 이는 하나님의 사람으로 온전하게 하며 모든 선한 일을 행할 능력을 갖추게 하려 함이라.(딤후 3:16,17)

훌륭한 기독교인은 하나님의 말씀에 대하여 무지하지 않습니다. 오늘 사람들을 향해 말씀하시는 하나님의 방식은 그가 이미 말씀하셨던 말씀을 되풀이 하시는 것이기 때문입니다. 하나님께서 성경에서 발견되지 않는 말씀으로 누구에게든 말씀하시는 일은 극히 드문 것입니다. 주와 함께 멀리 동행한 일부 사람들에게 하나님께서 가끔은 직접 말씀하실지라도, 이런 발언조차 대체로는 그가 성경에서 이미 진술하신 말씀들입니다. 그러니까 하나님의 말씀하심은 그가 이전에 하신 말씀을 되풀이 하시는 것입니다. 초신자들이 하나님께서 이미 하신 말씀에 낯익지 않으면, 하나님께 한 가지 문제를 만들어내게 됩니다. 그들은 하나님께서 그들에게 말씀하실 근거(기초)를 갖고 있지 못하기 때문입니다.

성경은 하나님의 말씀입니다. 성경은 하나님께서 과거에 우리 위해 행하신 것을 모두 우리에게 계시해 주십니다. 성경은 또한 하나님이 사람들로 하여금 지난날에 그를 알도록 인도하신 방식들을 우리에게 보여줍니다. 우리를 위한 하나님의 준비와 배려의 풍성함과 충만함을 알기 위해 우리는 성경을 공부하지 않으면 안 됩니다. 따라서 하나님께서 우리를 자기에게로 인도하시게 될 발걸음과 그 단계를 이해하려면, 우리가 성경을 공부할 필요가 있습니다.

더우기, 하나님께서 우리를 사용하시어 우리가 하나님을 위해 말하게 하기를 원하실 때, 하나님은 대체로는 그가 이미 하신 말씀들을 사용하십니다. 우리가 이 말씀들에 무지하면, 하나님께서 우리를 통해 말씀하시기가 어렵습니다. 그러면 우리는 하나님 앞에 쓸데없는 사람들이 될 것입니다. 따라서 하나님께서 지금 우리에게 하시려는 말씀들을 우리가 들을 수 있고, 하나님께서 과거에 어떻게 행하셨는지를 우리가 알 수 있기 위해서는 우리 마음속에 그리스도의 말씀을 풍성히 저장해 둘 필요가 있습니다.

성경은 큰 책이며, 신중하고, 진지하며, 엄숙한 책입니다. 성경을 연구하며 우리의 생애의 전부를 보내려고 하더라도 그 언저리만을 접촉하는데에 지나지 않습니다. 성경을 읽으며 시간을 보내지 않는다면 누구인들 그 말씀을 알 수 있겠습니까? 그것은 절대 불가능한 일입니다. 따라서 초신자들은 특히 하나님 말씀 공부에 부지런하여 그들이 중년과 노년에 도달할 적에 그들 자신과 남들의 필요를 위해 말씀의 풍성한 공급을 받을 수 있어야 할 것입니다.

누구든 하나님을 알고 싶은 사람은 하나님의 말씀을 잘 공부하지 않으면 안 됩니다. 초신자는 누구나 기독교인의 생활 바로 초기에 하나님의 말씀을 공부해야 할 중요함을 인식할 필요가 있는 것입니다.

성경 공부 방식

그러면 성경을 어떻게 공부해야 합니까? 네 가지 그 기본 원칙은 다음과 같습니다.

(1) 사실을 찾아내기
(2) 말씀을 암송하기
(3) 말씀을 분석하고, 추론하고, 비교 대조하기
(4) 하나님으로부터 깨달음을 받기

외적 방법들이 아무리 다양하더라도, 그 말씀을 공부하는 기본 원칙들은 변함이 없습니다. 따라서 위의 순서 역시 지켜져야 합니다. 첫째로, 사실을 찾아내기, 다음으로 암송하기, 다음으로 분석, 끝으로 깨달음을 받기입니다.

성경에는 영적 맹인들에게는 감추어져 있는 많은 영적 사실들이 들어 있습니다. 성경에서 어떤 사실을 찾아내면, 그는 벌써 절반에 대해서는 빛을 받게 됐고, 따라서 공부와 연구 목적의 절반은 달성

한 것이 됩니다. 그러므로 사실을 찾아내는 것은 절대 중요합니다. 그렇잖으면 하나님의 깨달음을 받을 수 없게 될 것입니다. 하나님의 빛은 그의 말씀 속의 사실들에만 비치기 때문입니다. 하나님은 어째서 이렇게, 또는 저렇게 말씀하십니까? 우리는 분석과 비교와 추론을 통해서 깨달음에 오게 되는 것입니다. 이렇게 해서 우리는 가르침을 받으며, 이렇게 해서 우리는 다른 사람들을 가르치게 될 것입니다. 우리가 성경을 되는대로 공부한다면, 하나님의 말씀이 누출되고, 새어버릴 것이며, 우리는 그 속에 무엇이 들어있는지 모르게 될 것입니다.

성경에 들어있는 중요한 사실들을 찾아낼 수 있는 것은 대단히 중요한 문제가 됩니다. 이를테면, 성경에서 말씀하거나, 말씀하지 않는 것에는 깊은 뜻이 있습니다. 성경에서 장소(대목)에 따라 여러 가지를 다르게 말씀하는 것은 어째서입니까? 하나님은 원어성경의 단 한 마디도 변화시키는 것을 금하셨습니다. 그런데 어떤 경우에서는 어째서 단수가 사용되었고, 또 어떤 경우에서는 복수가 사용되었습니까? 가끔은 연도(年度)가 확실히 진술되지만 또 어떤 때는 많은 연도를 그냥 건너뛰어 버립니까? 이런 것들은 모두 주목해 보아야 할 사실들입니다.

위의 여러 가지 이유들 때문에, 성경을 공부하는 사람들은 하나님 앞에 세심한 사람이 되어야만 합니다. 성경 공부하는 사람들은 부주의할 여유가 없습니다. 그는 한 가지 목표에 전념하는 사람이어야 합니다. 하나님의 말씀은 순수하기 때문입니다. 그는 하나님의 말씀을 듣는 즉시 어디가 강조되고 있는지 알아야 합니다. 그러나 아무 것도 듣지 못하고 말씀을 읽는 기독교인들이 많습니다. 그들은 사실(들)도, 그 핵심도 찾아내지 못하는 것입니다.

성경 공부를 위한 실제적 힌트

끝으로, 성경은 매일, 연속적으로 읽어야 합니다. 신구약 성경을 함께 읽으면 가장 좋습니다. 너무 빨리 읽어서는 안 되며, 매일 체계적으로 읽어야 합니다.

죽기 전에, 죠지 뮬러는 그가 성경을 100번 읽을 수 있었던 것을 하나님께 감사했습니다. 초신자들은 성경을 몇 번 통독했는지 그 숫자를 기억해두어야 합니다. 신약 성경의 마태복음과 구약성경의 창세기에서 시작 하십시오. 그리고 두 성경을 통독하십시오. 당신의 성경에다 읽은 숫자를 적어 넣으십시오. 우리는 모든 신자가 100번 읽기를 소망합니다. 한 사람이 50년 동안 기독교인이라면, 그가 100번 읽으려면 해마다 적어도 2번은 읽어야 합니다.

성경을 공부할 적에, 각기 다른 두 시간대를 정해서 두 가지 성경을 사용해야 합니다. 아침 읽기는 기도와 함께 해야 합니다. 그 자신의 영적 삶을 단련하기 위하여 그렇게 합니다. 아침에는 3내지 4절로 충분합니다. 묵상과 함께 기도는 성경 읽기와 뒤섞여야 합니다. 오후시간은 하나님의 말씀을 더 아는데 바쳐야 합니다. 더 많은 시간을 읽는데 보내어야 할 것입니다. 가능하면, 두 권의 성경을 사용하십시오. 아침에 하나, 저녁에 하나. 아침 성경에서는 어떤 특정 문구를 읽을 때, 하나님의 특별하신 교제 관계를 갖게 된 날자들을 기록하는 것 이외에는 그 안에 아무 것도 써서는 안 됩니다. 오후 성경을 읽을 때는 거기서 받은 빛(깨달음)을 기록해야 합니다. 이런 까닭에 가치 있는 것은 모두 안에 기록해 둘 수 있습니다. 그리고 동그라미나, 줄이나, 색연필을 써서 여러 쪽에 표시해 둘 수 있습니다.

그 말씀을 거듭거듭 다시 읽으면서, 우리의 성경 지식은 점점 증가될 것입니다. 가능하면, 매일 한, 두 구절씩 암송하십시오. 처음에는 이것이 쉽지 않겠지만, 뒤에 가서 큰 도움이 될 것입니다.

제6과
기도

암송구절: 구하라 그리하면 너희에게 주실 것이요, 찾으라 그리하면 찾아낼 것이요 문을 두르리라 그리하면 너희에게 열릴 것이니.(마 7:7)

성경 공부 다음에 이어 기도하는 법을 배우기가 옵니다. 기도는 모든 기독교인의 훈련 중 가장 깊고 가장 단순한 것입니다. 새로 구원 받은 사람도 기도할 수 있습니다. 하지만, 하나님의 자녀들 중-그들이 임종할 때에 조차-그들이 기도의 기술(art)에 아직 숙달하지 못했다고 고백하는 사람들이 많습니다.

응답된 기도는 기독교인의 기본 특권 또는 권리의 하나입니다. 기독교인은 하나님께 그의 기도들이 응답받을 권리를 부여 받고 있습니다. 기독교인 된지 3년 내지 5년이 되었고, 단 한 가지 기도도 응답받지 못했다면, 그의 기독교 생활은 아주 문제가 있는 것이 틀림없습니다. 하나님의 자녀가 그의 기도에 응답받지 못하는 것은 잘못된 것입니다. 기독교인의 기도들은 응답되어야 합니다.

"지금까지는 너희가 내 이름으로 아무 것도 구하지 아니하였으나 구하라 그리하면 받으리니 너희 기쁨이 충만하리라"(요 16:24). 자주 기도하여 자주 응답 받은 사람은 행복한 기독교인일 것입니다. 이것이 모든 기독교인들이 받지 않으면 안 될 기본 경험입니다. 사람이 다른 영적 문제들에서는 조심성이 없을 수 있습니다. 그러나 이 응답 받는 기도 문제에서 기독교인은 자기를 속일 여유가 없습니다. 그것은 예스가 아니면 노우입니다. 그는 기도들이 응답되도록 모색하지 않으면 안 됩니다.

응답받는 기도의 조건

응답되는 기도의 조건들을 성경에서 많이 찾아볼 수 있을 것입니다. 그러나 우리는 초신자들에게 아주 충분하다고 생각되는 몇 가지를 뽑아보려고 합니다. 이 몇 가지는 기독교인들이 배운 필수 항목의 절반 이상을 충분히 포함할 것입니다.

1. 구하라

기도하기 위해서는 구하지 않으면 안 됩니다. "너희가 얻지 못함은 구하지 아니하기 때문이요"(약 4:2). "내가 또 너희에게 이르노니 구하라 그러면 너희에게 주실 것이요 찾으라 그러면 찾아낼 것이요 문을 두드리라 그러면 너희에게 열릴 것이니 구하는 이마다 받을 것이요 찾는 이는 찾을 것이요 두드리는 이에게는 열릴 것이니라"(눅 11:9-10).

처음 구원 받았을 때, 나는 매일 기도했노라고 했습니다. 어떤 날 주 안의 한 자매가 제게 이렇게 물었습니다. "당신의 기도가 하나님께 응답되었습니까?" 나는 놀랐습니다. 나에게 기도는 그냥 기도한다는 것이지 그 이상은 아니었습니다. 나는 기도했지만, 내가 들으신바 되었는지 않았는지는 생각하지 않았습니다. 하지만 그 때 이후 나는 들으신바 되도록 기도했습니다. 그녀가 내게 물은 후 나는 처음으로 하나님께서 얼마나 응답해주셨는지 내 기도들을 검토해 보았습니다. 나는 응답이 필요한 유형의 기도들을 많이 드리지 않은 것을 알았습니다. 내 기도들은 거의가 일반적인 것이었습니다. 그래서 응답들이 너무 많이 문제가 되지는 않았던 것입니다. 내 기도는 해가 내일도 뜨게 해달라고 하나님께 구하는 것 같은 것이었습니다. 기도를 하든 안하든 해는 뜰 것입니다! 기독교인이 된 지 1년이 되었는데도, 나는 응답된 기도를 한 건도 찾아낼 수 없었습니다. 그렇습니다. 나는 하나님 앞에 무릎을 꿇고 많은 말을 입 밖에 내었습니다. 하지만 나는 실제로는 아무것도 구하지 않았던 것입니다.

2. 잘못 구하지 말라

사람은 하나님께 구해야 합니다. 그러나 성경은 두 번째 조건을 이렇게 규정하고 있습니다. 잘못 구하지 말라. "구하여도 받지 못함은 정욕으로 쓰려고 잘못 구하기 때문이라"(약 4:3 전반). 사람들이 그들에게 필요한 것을 위해 하나님께 구할 수 있습니다. 그러나 터무니없이, 그들의 한도를 넘어, 구하게 되어 있지 않습니다. 누구든 하나님 앞에 이른바 "큰 기도들"을 기도할 수 있기 전에 몇 년간의 배움이 필요합니다.

영적 생활 초기에는 큰 기도와 잘못 기도하는 것을 구별하기가 어렵습니다. 처음에는 우리가 우리의 욕망이나 쾌락에 따라 구하지 않으며, 우리가 필요하지 않은 것을 정욕으로 쓰려고 구하지 않는 것이 가장 좋습니다(약 4:3 전반). 하나님은 우리에게 필요한 것만을 공급해 주실 것이며, 필요한 것을 주실 것입니다. 그러나 하나님은 우리가 구하는 모든 것 위에 더욱 풍성하게 주실 때가 많습니다. 하지만 젊은이가 잘못 구하면, 그들은 들으신바 되지 않을 것입니다.

잘못 구한다는 것은 무슨 뜻입니까? 우리의 한도를 넘어, 우리의 필요한 것을 넘어, 당신이 실제로 부족한 것을 넘어 구한다는 뜻입니다. 이를테면, 나에게 필요한 것이 있어서 그것을 공급해 주시도록 하나님께 구합니다. 나는 내게 필요한 분량에 따라 구합니다. 만약 내 필요를 넘어 구한다면, 나는 잘못 구하는 것이 될 것입니다. 내게 필요한 것이 크다면, 나는 하나님께서 그렇게 크게 필요한 것을 주시도록 하나님께 구할 수 있습니다. 그러나 나는 그 이상을 구해서는 안 됩니다. 하나님은 경솔한 기도를 기뻐하시지 않습니다. 기도는 필요에 따라 가늠되어야 합니다. 기도는 무분별하게 드려서는 안 됩니다.

3. 죄를 처리하지 않으면 안 됩니다

사람들이 구했고, 잘못 구하지 않았을 수도 있습니다. 그러나 응답이 없습니다. 왜 그렇습니까? 한 가지 근본적 장애-하나님과 사람 사이에 서있는-가 있기 때문일 것입니다.

"내가 나의 마음에 죄악을 품었더라면 주께서 듣지 아니하시리라"(시 66:18). 누구든 마음에 알려진 죄가 있고, 그의 마음이 그것에 달라붙어 있으면, 그는 응답받지 못할 것입니다. 마음의 죄악이란 무슨 뜻입니까? 그것은 단순히 그의 마음속의 죄를 버리려 하지 않는 죄를 의미합니다. 한 사람이 큰 약점들을 갖고 있더라도 하나님은 그것들을 용서하실 것입니다. 그러나 만약 그가 알고 있는 죄를 품고 있고, 아직 마음에 그것을 소원하고 있으면 그것은 바깥으로 드러나는 행동의 약점 이상 가는 것입니다. 그것은 그의 마음속의 죄악입니다.

"자기의 죄를 숨기는 자는 형통하지 못하나 죄를 자복하고 버리는 자는 불쌍히 여김을 받으리라"(잠 28:13). 죄를 고백하지 않으면 안 됩니다. 죄를 고백하면 주께서 용서하시고 잊으실 것입니다. 주께로 가서 이렇게 말씀드려야 합니다. "여기에 제 마음이 관계하고 버리기 어려워하는 한 가지 죄가 있습니다. 그러나 이제 제가 주의 용서를 구하나이다. 이 죄를 기꺼이 버리고자 하나이다. 이 죄가 제게 머물러 있지 못하도록 이 죄에서 저를 구출해 주소서. 저는 이 죄를 원하지 않으며, 거스르나이다." 당신이 주 앞에 그 죄를 자복하면, 주께서 당신의 죄를 넘겨버리실 것입니다. 그럴 때 당신의 기도가 들으신바 될 것입니다. 이것을 간과해서는 안 될 것입니다.

4. 믿어야만 한다

아직 성취되어야만 할 결정적 조건이 하나 더 있습니다. 그것은 믿어야만 한다는 것입니다. 그렇잖으면, 기도는 효과가 없을 것입니다. 마가복음 11장 12-24절의 사건은 기도에서 믿음이 필수불가결함을 확실히 보여줍니다. 주께서 제자들과 함께 베다니에서 나오셨습니다. 그가 길을 걸으실 적에 시장하셨습니다. 멀리 있는 한 무화과나무를 보시고 무화과를 얼마만큼 얻으실까 해서 가까이 가셨습니다. 그러나 잎새들 외에 아무 것도 찾으실 수 없었습니다. 그래서 그가 나무를 저주하시며 말씀하셨습니다. "이제부터 영원토록 사람이 네게서 열매를 따먹지 못하리라." 다음 날 아침 그들이 지나갈 적에 무화과나무가 뿌리째 마른 것을 보았습니다. 제자들은 놀랐습니다. 그래서 주께서 그들에게 대답하시기를 "하나님을 믿으라 내가 진실로 너희에게 이르노니 누구든지 이 산더러 들리어 바다에 던져지라 하며 그 말하는 것이 이루어질 줄 믿고 마음에 의심하지 아니하면 그대로 되리라. 그러므로 내가 너희에게 말하노니 무엇이든지 기도하고 구하는 것은 받은 줄로 믿으라 그리하면 너희에게 그대로 되리라".

누구든 기도할 때 믿어야만 합니다. 그가 믿으면 받을 것이기 때문입니다. 믿음이란 무엇입니까? 믿음은 그가 구하는 것을 받은 줄로 믿는 것입니다.

5. 기도를 계속하라

기도에는 앞에서 방금 말한 내용과 모순되어 보이지만, 그것과 똑같이 실질적인 기도의 또 한 측면이 있습니다. 즉 사람들은 "항상 기도하고 낙심하지 말아야 한다."는 것입니다(눅 18:1). 주는, 어떤 기도들은 끈기가 필요하다고 하십니다. 주께서, 말하자면 우리의 계속되는 기도 때문에 지치시기까지 우리는 기도를 계속하지 않으면 안 된다는 것입니다. 이것은 불신앙의 징조가 아니라 오히려, 또 다른 종류의 기도입니다. "그러나 인자가 올 때에 세상에서 믿음을 보겠느냐?"(눅 18:8 하반). 이것은 우리가 끈질기게 기도함으로써 하나님께서 이전의 약속이나, 또는 약속이 없었어도 마침내 응답해주실 것을 믿는 종류의 믿음입니다.

기도에는 두 가지 목적이 있다

기도에는 두 가지 목적이 있습니다. 그 한 가지 목적은 기도하는 사람에게 있고, 또 다른 목적은 그것을 위해 지금 기도 되어지고 있는 일이나 사람입니다. 두 번째 목적이 변화될 수 있기 전에 첫 번째 목적이 변화 받아야 할 필요가 있을 때가 많습니다. 첫 번째 목적의 변화 없이 두 번째 목적이 변화되었으면 하고 소망하는 것은 아주 무익한 일입니다. 우리는 다음과 같이 기도하는 법을 배우지 않으면 안 됩니다. "오 주여, 제가 어느 지점에서 변화되어야 하겠습니까? 아직 처리되지 않은 죄가 있습니까? 정화되어야 할 이기적 욕망이 남아 있습니까? 제가 배워야만 할 믿음의 실제적 교훈이 있습니까? 아니면, 제가 버려야 할 것이 있습니까?" 우리 쪽에 변화되어야 할 것이 있으면 그것을 먼저 변화시키게 합시다. 하나님의 자녀들 중 자기네들 자신은 변화될 것을 거부하면서 목적이 이루어지기를 소망하는 사람들이 너무 많습니다.

젊은 형제자매들이 성경 공부 과목을 배우는 한편, 처음부터 기도 과목을 배우면, 교회는 크게 강화될 것입니다. 그러면 하나님께서 우리의 과거를 훨씬 능가하는 영광스런 미래를 허락해 주실 것입니다.

제 2 권

충실한 고백

제7과

일찍 일어나기

암송구절: 하나님이여 주는 나의 하나님이시라 내가 간절히 주를 찾되 물이 없어 마르고 황폐한 땅에서 내 영혼이 주를 갈망하며 내 육체가 주를 앙모하나이다.(시 63:1 다아비 역)

어째서 일찍 일어나야 하는가?

초신자들 앞에 우리가 내어 놓고 싶은 것은 매우 단순한 것입니다. 우리는 매일 잠자리에서 일찍 일어나야 한다는 것입니다. 미스 엠 이 바아버의 동역자 미스 그로브즈의 말을 인용해 보겠습니다. 우리를 크게 도와준 그녀는, 주에 대한 한 사람의 사랑의 첫째 증거는 그의 잠자리냐 주님이냐의 선택이라고 했습니다. 한 사람이 그의 잠자리를 더 사랑하기로 하면, 그는 더 오래 잡니다. 그러나 그의 주님을 더 사랑하기로 하면, 그는 조금 일찍 일어날 것입니다.

그녀는 이 말을 1921년에 내게 했습니다. 그러나 나는 아직 그 말의 신선함을 오늘에조차 느끼고 있습니다. 그렇습니다. 사람은 잠자리냐 주님이냐를 선택해야 합니다. 당신이 잠자리를 더 사랑하면, 더 오래 잡니다. 그러나 주님을 더 사랑하면 더 일찍 일어나지 않으면 안 됩니다.

성경의 하나님의 종들 중 일찍 일어나는 습관을 가진 사람들이 많습니다. 만나는 해뜨기 전에 거두어야 했습니다. 하나님께서 그를 위해 약속하신 음식을 먹고 싶어 하는 사람은 일찍 일어나지 않으면 안 됩니다. 해가 뜨거워지면, 만나는 녹아버립니다. 그러면 남는 것은 아무것도 없을 것입니다. 젊은 신자가 하나님 앞에 영적 양식을 받고, 영적으로 북돋워지고, 영적 음식을 얻고, 영적 교제를 즐기려면 조금 일찍 일어나야 합니다. 그가 너무 늦게 일어나면, 음식을 놓치게 될 것입니다. 오늘 하나님의 자녀들 가운데 많은 병든 신앙생활은 아침에 너무 늦게 일어나는 것 외에 다른 어떤 심각한 영적 문제 때문이 아닙니다. 그러므로 이것을 작은 문제로 생각하지 마십시오. 많은 사람의 영적 문제가 실제로는 아침에 일찍 일어나지 못하는데 있는 것입니다.

마치 새벽이 동터오기 전 이른 아침에 또는 새벽이 막 동터올 적에 하나님께서 그의 자녀들에게 영적 음식과 성스러운 영교를 나누어 주시는 것입니다. 누구든 늦게 일어나는 사람은 이것을 놓치게 될 것입니다. 하나님의 자녀들 중 헌신과 열심과 사랑이 부족하지 않은 사람들이 많습니다. 그런데도 너무 늦게 일어나는 것 때문에 그들은 훌륭한 기독교인들이 되는데 실패합니다.

일찍 일어나는 것은 영적 생활과 많은 관계가 있습니다. 나는 늦게 일어나는 사람치고 기도의 용사를 만나본 일이 없으며, 늦게 일어나는 사람치고 주님께 가까운 사람을 한 사람도 보지 못했습니다. 최소한 하나님을 아는 사람들은 모두 이른 아침에 하나님께로 오는 것입니다.

"문짝이 돌쩌귀를 따라서 도는 것같이 게으른 자는 침상에서 도느니라."(잠 26:14). 게으름뱅이가 침상에서 어떻게 합니까? 그는 돌쩌귀에서 도는 문짝과 같습니다. 게으른 사람은 잠자리에서 돕니다. 그러나 잠자리를 떠나지 않을 것입니다. 그는 이리저리 뒤척이며 돌지만 잠자리에 머물러 있습니다. 잠자리에 그냥 달라붙어 있는 사람들이 많습니다. 그들은 이쪽으로 돌아도 침대가 사랑스럽습니다. 그들은 저쪽으로 돌아도 침대가 여전히 사랑스럽습니다! 그들은 잠자리를 좋아하고, 좀 더 오래 자기를 좋아하고, 아쉬운 듯 더 꾸물거리기를 좋아합니다. 하지만 형제자매들이 하나님을 섬기고 싶으면, 그들이 매일 일찍 일어나지 않으면 안 될 것을 깨닫게 합시다.

누구든 하나님 앞에 일찍 일어나려는 목표를 갖고 있는 사람은 모두 여러 가지 영적 유익을 곧 경험하게 될 것입니다. 그날 다른 때에 드리는 기도는 그의 이른 아침 기도와는 비교될 수 없습니다. 다른 시간대에 갖는 성경 공부는 아침 시간의 그것과 같을 수 없으며, 다른 시간대의 주와의 영교가 새벽에서처럼 감미로울 수가 없습니다. 이른 아침이 그날의 가장 좋은 시간이라는 것을 잘 기억합시다. 우리는 가장 좋은 시간을 하나님께 바쳐야 하며, 사람들에게

나 세상일들에 바치면 안 됩니다. 세상에서 온 하루를 보내고 나서 녹초가 된 저녁에 침실에 들어가기 전에 기도하러 무릎을 꿇고 성경을 읽는 사람은 멍청이입니다. 그가 드리는 기도와 성경 공부와 주와의 영교에 결함이 있음을 누가 의심하겠습니까? 그의 문제는 아침에 너무 늦게 일어나는데 있는 것입니다.

일찍 일어난 후에 해야 할 일

우리의 목적은 이른 아침에 사람들을 잠자리에서 그냥 일어나게 하는데 있습니다. 우리는 지금 영적 가치와 영적 내용을 모색하고 있습니다. 그러므로 사람들이 일어난 후 그들이 해야 할 몇 가지 일들을 다음과 같이 말씀드립니다.

1. 하나님과의 영교

사람이 아침 일찍 일어나는 것은 주와 영교하기 위해서입니다. "우리가 일찍이 일어나서…내가 내 사랑을 네게 주리라."(아 7:12). 새벽은 그날의 가장 좋은 시간이기 때문에 우리의 영이 하나님께 열려 있어 그와 교제를 유지하며, 하나님 앞에 조용히 기다리며, 하나님의 임재 앞에 묵상하며, 인도를 받으며, 하나님께서 우리에게 말씀하시게 하며 보내어야 합니다.

영교는 우리의 영이 하나님께 열려있게 함을 의미합니다. 영이 하나님께 열려있음에 따라 그의 마음(지정의)도 열립니다. 이것은 하나님께서 빛을 비추어 주시고, 한 말씀을 내리시고, 감동을 주시고, 산 접촉을 주실 기회를 줍니다. 영교는 또한 혼에게 하나님을 접촉하고, 묵상하고, 응시하고 마음으로 하나님께 가까이 다가가는 법을 배우는 특권을 줍니다. 이것이 한 마디로 하나님과의 영교입니다.

2. 노래와 찬양

아침 시간은 주께 찬양을 드릴 가장 좋은 시간입니다. 우리는 아침 시간에 우리의 최고의 찬양을 드릴 수 있습니다.

3. 하나님 앞에서 음식을 구함

이때는 우리의 만나를 모으는 시간입니다. 우리의 만나란 무엇입니까? (만나는 물론 그리스도를 가리킵니다. 그러나 여기서는 이것을 강조하지 않으려고 합니다.) 우리가 매일 즐기는 것은 하나님의 말씀이며, 우리가 광야에서 행할 힘을 받는 것은 이 말씀을 통해서 입니다. 만나는 광야의 음식이며, 이른 아침에 거두어야 합니다. 이른 아침을 다른 일들에 쓰면, 어떻게 만족을 얻고, 양육을 받겠습니까?

아침 기도 시간에 영교와 찬양과 만나와 기도가 있게 합시다. "하나님이여 주는 나의 하나님이시라 내가 간절히(일찍) 주를 찾되"(시 63:1). "그들이 돌이켜 하나님을 간절히(일찍) 찾았고"(시

78:34 다아비). 위의 두 시편에서 원어의 "일찍"이란 말씀을 발견합니다. 아침 일찍이는 기도를 위한 시간입니다. 하나님과 영교를 갖고 만나로 먹여지고 나서, 사람은 모든 것들을 하나님 앞에 내려놓고, 그 모든 것들을 위해 세심히 기도할 힘을 얻습니다. 기도하는 데는 힘이 듭니다. 약한 자는 기도할 수 없습니다. 영교와 만나를 먹음으로서 축적된 새 힘을 가지고 그는, 자기와 교회와 온 세상을 위해 기도할 수 있는 것입니다.

그러므로 모든 초신자는 매일 아침 하나님 앞에서 주의 깊게 행해야 할 바 네 가지를 알 필요가 있습니다. 영교와 찬양과 성경 읽기와 기도입니다. 그가 이 네 가지를 등한히 하면, 그날이 그 결과(등한히 한 것)를 명백히 선포하게 될 것입니다. 죠지 뮬러와 같은 사람들조차 그가 하나님 앞에서 아침에 충분히 먹여졌는지 그 여부가 그날의 그의 영적 생활을 결정지었다고 고백했습니다. 기독교인들 중 그들의 아침을 잘못 보냈기 때문에 그들의 날들이 쉽지 않았던 것을 발견하는 사람들이 많습니다(한 사람이 영과 혼의 분리를 알고, 따라서 겉 사람의 파쇄를 안다면, 그가 외적 환경에 쉽게 영향을 받지 않을 것을 나도 인정합니다. 그러나 이것은 전혀 다른 국면입니다). 초신자들에게 일찍 일어나라고 권면하지 않으면 안 됩니다. 일단 그들이 이것에 부주의하게 되면, 거의 다른 모든 것들에도 부주의하게 될 것입니다. 이것이 그날에 가져오는 차이는-그가 아침에 영양 공급을 받았는지, 주리게 되었는지-극히 중요한 것입니다.

제8과
공적 고백

암송구절: 사람이 믿음으로 믿어 의에 이르고 입으로 시인하여 구원에 이르느니라. (롬 10:10)

　초신자들은 가능한 한 속히 고백의 문제에 주목해야 합니다. 한 사람이 일단 주를 의지하면, 그는 주를 사람들 앞에서 고백하지 않으면 안 됩니다. 그는 자기 믿음을 숨겨서는 안 되며, 공적으로 그것을 고백해야 합니다. 그런 고백의 중요성이 성경에 규정되어 있고, 우리의 경험으로 확증되었습니다.

　갓난아이가 1년, 2년, 또는 3년이 지났는데도 소리를 내지 않는다고 생각해 보십시오. 당신은 어떻게 생각하겠습니까? 어린이가 아동기에 말을 못한다면, 틀림없이 그의 남은 평생 동안 벙어리가 될 것입니다. 그가 어린애처럼 "아빠", "엄마"라고 부를 수 없다면, 그가 결코 부를 수 없게 될 것입니다. 이처럼 주를 믿는 사람은 주를 즉시 고백해야 합니다. 그렇잖으면 평생 그는 영적으로 벙어리가 될지 모릅니다.

"사람이 마음으로 믿어 의에 이르고 입으로 시인하여 구원에 이르느니라." 이 구절의 전반부분은 하나님과 관계있는 반면, 후반부분은 사람들과 관계있습니다. 당신이 믿었는지 안 믿었는지 아무도 알 수 없습니다. 그러나 만약 당신이 진정으로 믿으며 하나님께로 오면, 당신이 마음으로는 믿지만, 입으로 고백하지 않으면, 하나님 앞에 의롭다하심을 받을지라도, 당신은 세상으로부터는 구출받지 못할 것입니다. 이 세상 사람들은 당신을 구원받은 사람으로 인정하지 않을 것입니다. 그들은 당신을 여전히 그들 중의 한 사람으로 간주할 것입니다. 그들은 당신과 그들 사이의 어떠한 차이도 눈여겨 본 적이 없으니까요. 이 때문에 성경은, 마음으로 믿는 것 외에도 입으로 고백함이 있어야 한다고 강조하고 있는 것입니다.

공적인 고백의 이점

주를 공적으로 고백하는 것의 한 가지 뚜렷한 이점은, 초신자들로 하여금 많고 많은 앞날의 말썽으로부터 구해주는 데에 있습니다. 만약 그가 입을 열어 그가 주 예수님을 따라왔고, 그가 지금 주의 것이라고 말하지 않는다면 그는 항상 세상 사람들에게 그들 중의 하나로 생각될 것입니다. 따라서 그들이 사교적이며, 죄 많은 육적 사건들에 관계하기로 결정할 때마다 그를 그들의 한 패거리로 취급할 것입니다. 이를테면, 그들이 카드놀이를 하거나, 극장에 가거나 할 때, 그들은 그 신자에게 그들과 한데 어울리자고 요구할 것입니다. 어째서 인가요? 그들이 그를 그들 중 한 사람으로 계산할 것이니까요. 그가 기독교인이니까, 그들과 어울리면 안 된다고 그가 속으로 느낄지는 모르지만, 그는 거절할 수 없게 되는 것입니다. 그가 그들을 기쁘게 하고 싶으니까요. 그가 한 번쯤 거절하더라도, 틀림없이 그는 두 번째 요청을 받을 것입니다. 매번 그가 어떤 구실을 생각해낼 수는 있을 것입니다. 새로 태어난 기독교인이 바로 첫날 깃발을 올리고, 자기가 신자라고 고백하는 것이 훨씬 더 좋을 것입니다. 그러면 한두 번 고백한 후, 세상의 침입은 단절될 것입니다.

만약 새 신자가 입을 열어 주를 고백하지 못한다면, 공표되지 않은 숨은 기독교인으로서 그는 공공연한 기독교인보다 10배는 더 어려움을 겪게 될 것입니다. 그의 유혹 역시 10배는 더 하게 될 것입니다. 그는 인간의 애정과 과거의 관계의 속박에서 자기를 자유하게 할 수 없을 것입니다. 그는 무슨 일이 다가올 때마다 자기가 두통이 있다거나 바쁘다고 말하면서 매번 구실을 댈 수는 없을 것입니다. 매번 구실을 댄다는 것은 웃기는 일인 것입니다. 하지만 만약 그가 바로 첫날에 깃발을 보여준다면, 즉 이전에는 그가 죄인이었지만 이제는 주 예수님을 영접했다고 선언하면, 모든 동료, 급우들, 친구, 친척들이 그가 이제 어떤 류의 사람이 되었는지를 알고 더 이상 그를 괴롭히지 않을 것입니다. 주를 고백하면 많은 말썽거리에서 그를 구해주게 됩니다.

변화된 삶과 고백

많은 새 신자들, 특히 기독교 가정 출신들은 한 가지 잘못된 생각을 품고 있습니다. 그들은 입으로 고백하는 것은 중요한 것이 아니며, 실제로 중요한 것은 선한 행동으로 빛을 발하는 것이라고 합니다. 환언하면, 그들의 신학인즉슨, 사람의 삶이 변화되어야만 하며, 그의 행실이 변화되어야만 하지만, 그의 입이 변화된다거나 변하지 않는 것은 중요한 것이 아니라는 것입니다. 삶이 변화되지 않고 그대로라면 우리는 입술의 말이 소용없다는 그들의 말에 동의합니다. 그러나 거기에 일치하는 입의 고백이 없다면 변화된 삶 또한 쓸데없는 것이라고 우리는 주장합니다. 행실의 변화가 입의 고백을 대신하는 것은 아닙니다.

새 신자들은 일어서서 "나는 주 예수를 믿습니다."라고 고백하는 최초의 기회를 붙잡아야 합니다. 우리는 입으로 고백하지 않으면 안 됩니다. 그렇지 않으면, 세상은 우리에 대해 많은 것들을 상상하게 될 것입니다. 어떤 사람은 우리가 단순히 실망했고, 그 때문에 삶에 대해 비관적 태도를 갖게 됐다고 생각할지 모릅니다. 또 어떤 사람들은 세상이 이제 진저리가 났나보다고 생각할지 모르며, 그들이 주 예수님을 접촉하지는 못하고 우리를 그냥 철학적으로 생각할지 모릅니다. 그러므로 우리는 일어서서 그들에게 실제 이유를 말해주지 않으면 안 됩니다. 선량한 행실이 입의 고백을 대신할 수는 없습니다. 선한 행동은 반드시 필요합니다. 그러나 고백 역시 필수불가결합니다. 그의 행실이 아무리 선량하든 간에 만약 그가 주님을 위해 거리낌 없이 말하지 않는다면 그의 신분 또한 의심스러운 것입니다. 그렇잖으면 얼마 안 되어 그는 이 세상의 소용돌이 속으로 끌려들어가게 될 것입니다.

어떤 사람들은 끝까지 견인할 수 없지 않을까 하는 두려움 때문에 주를 고백하기를 두려워 합니다. 그들은 3,4년 후에 기독교인 되는 것을 그만두면 웃음꺼리가 되지 않을까 염려합니다. 그래서 그들은 몇 년간 기다리다가, 그때 가서 그들 자신이 맞다고 증명될 때 마침내 주를 고백할 것이라고 합니다. 그런 사람들에게는 우리는 이렇게 말해줍니다. 당신이 만약 넘어질까 두려워 주를 고백하는 일을 감행하지 못한다면, 당신은 확실히 넘어질 것입니다. 왜 그런가요? 당신이 뒷문을 열어놓고 떠났기 때문입니다. 당신은 벌써 당신이 넘어질 날을 준비해 둔 것입니다. 당신이 일어서서 당신이 주의 것이라고 고백한다면 이것이 훨씬 나을 것입니다. 그렇게 하면 뒷문을 닫고, 당신이 손을 떼기가 더 어려워지게 할 것이기 때문입니다. 그러면 당신은 물러서기보다 앞으로 전진 할 더 좋은 기회를 갖게 될 것입니다. 당신은 앞으로 전진 할 것을 기대할 수 있는 것입니다.

그가 주를 고백하기 전에 행실이 더 좋아지기를 기다린다면, 그는 틀림없이 평생에 그의 입을 열지 못하게 될 것이 틀림없습니다. 그는 그의 행실이 좋아진 뒤에도 벙어리가 될 것입니다. 그가 시초에 그렇게 하지 않으면, 그의 입을 벌리기가 매우 어렵게 됩니다.

우리가 위안을 받아야 할 사실은 이것입니다. 즉, 하나님은 우리를 구원하시는 하나님이신 동시에, 우리를 지켜주시는 하나님이십니다. 구원 받는다는 것은 무슨 뜻입니까? 무언가를 구입하는 것과 같습니다. 지키심을 받는다는 것은 무슨 뜻입니까? 그 물건을 손에 쥐고 있다는 뜻입니다. 그것을 던져버리기 위해 무언가를 사려고 하는 사람이 누가 있겠습니까? 당신이 자기를 위해 시계를 산다면, 당신이 그것을 사용할 생각에서 그렇게 하는 것입니다. 당신이 던져버리기 위해서라면 당신은 그것을 사지 않습니다. 이처럼, 하나님께서 우리를 값 주고 사실 때에는, 우리를 간직하시기 위해서 입니다. 하나님은 우리를 지키시기 위해 우리를 구속하십니다. 그가 우리를 그날까지 지키실 것입니다. 그가 우리를 지키실 작정이 아니시면, 그런 엄청난 값을 치르지 않으셨을 것입니다. 지키시는 것이 하나님의 목적입니다. 지키시는 것이 하나님의 계획이십니다. 그러므로 일어나 고백하기를 두려워하지 마십시오. 당신은 내일에 대해 염려할 필요가 없습니다. 당신에게 필요한 것은 일어서서 당신이 하나님께 속해 있음을 간단히 고백하는 것이 모두입니다. 당신을 그의 손에 그냥 맡기십시오. 당신이 구조가 필요한 때를 그가 아시고, 당신을 위로하시고, 당신을 보존해 주실 것입니다. 우리는, 그가 구원하신 자들을 하나님이 또한 지키신다고 선언함에서 가장 큰 확신을 갖게 됩니다. 그가 보존하시지 않는다면 구속은 무의미할 것입니다.

우리의 고백과 주의 고백

"누구든지 사람 앞에서 나를 시인하면 나도 하늘에 계신 내 아버지 앞에서 그를 시인할 것이요".(마 10:32) 오늘 우리가 주를 고백하면 앞으로 그가 우리를 고백하신다는 것은 얼마나 감사한 일입니까? 오늘 들의 풀과 같은 사람들 앞에서 우리가 주를 예수 그리스도로, 살아계신 하나님의 아들로 고백합니다. 그러나 그날에 우리 주가 다시 돌아오실 때에는, 그가 우리를 영광중에 그의 아버지 앞에서와 그의 천사들 앞에서 우리를 고백하실 것입니다. 우리가 오늘 주를 고백하는 것이 어렵다고 느껴지면, 그가 그날에 우리를 고백하시는 것 역시 어렵지 않겠습니까?

"누구든지 사람 앞에서 나를 부인하면 나도 하늘에 계신 내 아버지 앞에서 그를 부인하리라"(마 10:33). 그 대조야말로 얼마나 큽니까! 만약 모든 사람들 위에 계신 한 분 사람, 곧 참 하나님이신 사람의 아들을 우리가 모시고 있다고 사람들 앞에 고백하는 것이 부담이 된다면, 어떻게 그가 영광중에 그의 천사들과 함께 오실 때 그의 아버지 앞에서 우리를 고백하시겠습니까? 이것은 참으로 심각한 문제입니다. 어떤 날 그가 우리를 고백하시는 것과 비교해 볼 때 우리가 그를 고백하는 것은 조금도 어렵지 않은 것입니다. 그가 우리를 고백하신다는 것이야말로 얼마나 놀랍고 어리둥절하게 하는 것입니까. 우리는 다만 집으로 돌아오는 탕자들에 지나지 않습니다. 우리들 자체로서는 절대 아무것도 아닙니다. 그러니까, 우리는 그가 어떤 날 우리를 고백해 주실 것을 알고 있으므로, 우리는 더욱 더 그를 열심히 고백합시다.

제9과
세상과의 결별

암송구절: 그러므로 너희는 그들 중에서 나와서 따로 있고 부정한 것을 만지지 말라 내가 너희를 영접하여(고후 6: 17).

성경에 결별 문제와 관련해서 많은 명령과 실례와 가르침이 있습니다. 세상은 이것과 관련해서 수많은 면을 갖고 있으므로, 우리의 결별은 충분하고 완전할 필요가 있습니다. 성경에 세상을 예표하는 데에 사용된 장소가 네 가지 있습니다. 애굽은 세상의 쾌락을 나타내고, 갈대아는 세상의 종교를, 바벨론은 세상의 혼란을, 소돔은 세상의 죄를 나타냅니다. 이 모든 것으로부터 우리는 분리될 필요가 있습니다.

이스라엘 족속이 파멸자의 손 안에 있었을 때, 하나님이 그들을 어떻게 구출하셨습니까? 유월절 어린양에 의한 구출이었습니다. 하나님의 사자가 장자를 치러 애굽 땅을 두루 다닐 때, 피를 바른

집들을 지나쳤습니다. 그러나 문에 피가 없으면 들어가 장자를 쳤습니다. 따라서 구원의 문제는 문이 좋은가, 문설주가 특별한가, 집 안사람들이 훌륭한가, 장자가 순종하는가에 좌우되지 않았습니다. 피가 거기에 있었는가 그 여부에 달려 있었던 것입니다. 당신의 구원의 기초는 당신과 당신 가족이 어떤가에 있지 않고, 피에 있는 것입니다.

은혜로 구원받은 우리는 그의 피로 구속받습니다. 하지만 우리가 일단 피로 구속 받으면, 우리는 나갈 길을 만들기 시작하지 않으면 안 된다는 것을 기억합시다. 이스라엘 백성은 자정이 되기 전에 양을 죽여 문설주와 상인방돌(문 틀 위쪽 가로대)에 피를 바른 후, 그들은 급히 먹었습니다. 그들은 허리를 동이고, 발에 신을 신고, 손에 지팡이를 짚었습니다. 그들이 애굽을 떠날 준비를 했기 때문입니다.

그러므로 구속의 첫째 결과는 결별입니다. 하나님은 결코 누구든 구원하실 때 전처럼 그대로 살도록 세상에 남겨두시지 않습니다. 중생한 사람은 모두 구원받는 즉시 손에 지팡이를 짚고 떠나갈 필요가 있습니다. 파멸의 사자가 구원 받은 사람과 멸망하는 사람들을 구별하자마자 구원 받은 영혼은 밖으로 나가지 않으면 안 됩니다. 이것이 출애굽기에 가장 확실히 예표되어 있습니다. 지팡이는 여행을 위해 사용되었고, 아무도 그것을 누워 잠자기 위한 베개로 사용하지 않습니다. 구속 받은 사람은 큰 자나, 작은 자나 지팡이를 쥐고, 바로 그날 밤 밖으로 나가지 않으면 안 됩니다. 영혼들이 피로 구속 받을 때마다 그들은 이 세상에서 순례자와 나그네가 됩니다. 그들이 구속 받는 순간 그들은 애굽을 떠나 세상으로부터 분리됩니다. 그들이 거기에 계속 살면 안 되는 것입니다.

분리의 원칙

어떤 사람들은 틀림없이 이렇게 물을 것입니다. 어디로부터 나가야 하는가? 라고 말입니다. 세상의 어디로부터 분리되어야 하는가? 분리의 다섯 가지 원칙을 암시하려고 합니다. 그러나 이 다섯 가지 원칙으로 들어가기 전에 맨 먼저 필요한 것이 있습니다. 우리의 마음과 영이 먼저 세상에서 해방될 필요가 있습니다. 만약 누구든 세상에 있기로 소원한다면, 이 원칙들은 그에게 소용이 없을 것입니다. 비록 그가 자기로부터 일백 가지를 분리시키더라도 그는 아직 세상에 있습니다. 그의 마음과 그의 영과 함께 그 사람의 분리가 물건과 일들의 분리를 앞서지 않으면 안 됩니다.

그 사람은 애굽에서 완전히 벗어나 세상으로부터 분리되지 않으면 안 됩니다. 별나다는 말을 듣는 것을 두려워해서는 안 됩니다. 우리가 모든 사람과 화평하기를 소원하더라도 우리가 처리해야 할 일들이 있고, 세상과 달라야 할 갈 길들이 있습니다. 가정에서나 직장에서, 또는 우리가 어디에 있든, 우리는 다투지 않습니다. 우리는 누구에 대해서든 호전적이 아닙니다. 그렇더라도 우리가 분리되어야만 할 몇 가지 일들이 있습니다.

1. 세상이 기독교인에 대해 합당하지 않다고 생각하는 것들

세상이 기독교인에게 합당하지 않다고 생각하는 것은 무엇에서든 분리되어야 합니다. 우리는 기독교인의 삶을 세상 앞에서 시작하며, 따라서 세상은 기독교인들을 위한 어떤 기준을 설정하게 마련입니다. 만약 우리가 그들의 기준에 따라 측정할 수 없다면, 우리의 증언이 어디에 있게 되겠습니까? 우리가 행하는 것들에 대하여 비신자들이 그들의 눈썹을 치켜뜨고 "기독교인들도 그런 일들을 하는가?"라고 말하게 해서는 안 됩니다. 그런 비난을 받으면, 그들 앞의 우리의 증거는 끝나게 됩니다. 이를테면, 당신이 어떤 장소를 방문하고, 그곳에서 한 비 기독교인을 만났다고 생각해 보십시오. 그는 중얼거립니다. "기독교인들도 이런데 오는가?" 비신자들이 자주 출입하며, 그들이 질문을 받을 때 그들의 행동을 변명할 수 있는 곳들이 많이 있습니다. 그러나 만약 기독교인이 같은 장소에 가면, 그들이 즉시 이의를 제기할 것입니다. 그들은 죄를 지을 수 있더라도 당신은 그럴 수 없는 것입니다. 그들은 문제없이 그런 일을 할 수 있습니다. 그러나 만약 당신이 같은 일을 행하면, 당신은 비판을 받게 될 것입니다. 따라서 기독교인에게 합당하지 않다고 세상이 정죄하는 것은 무엇이든 우리가 해서는 안 됩니다. 이것은 최소한의 필요조건 입니다.

2. 주와 우리의 관계와 관련해서 일치되지 않는 것들

주와 우리의 관계에서 일치되지 않는 것은 어떤 것이든 거부해야만 합니다. 우리 주는 땅에서 굴욕을 당하셨습니다. 우리가 영광을 구할 수 있겠습니까? 그가 강도처럼 십자가에 못 박히셨습니다. 우리가 이 세상의 호의를 얻으려 할 수 있겠습니까? 그가 귀신 들린 자로 중상당하셨습니다. 우리가 가장 영리하고 합리적이라고 사람들로부터 칭찬을 기대할 수 있겠습니까? 이런 조건들은 주와 우리의 관계에 일치되지 않음을 보여줍니다. 이것들은 우리를 주와 다르게, 심지어 반대되게 하는 것입니다. 그가 걸어가신 모든 길을 우리 역시 걸어가지 않으면 안 됩니다. 이런 이유로, 우리는 주와 우리의 관계에 일치되지 않는 모든 것을 뿌리 뽑지 않으면 안 됩니다.

"제자가 그 선생보다, 또는 종이 그 상전보다 높지 못하나니"(마 10:24)라고 주께서 말씀하십니다. 이것은 세상에 대한 우리의 관계를 언급하시는 것인데, 이것은 우리가 비방과 비난을 받음에 틀림없음을 보여 주시는 것입니다. 그들이 우리 주를 그렇게 대우했다면, 우리라고 다른 대우를 받을 것을 기대할 수 있겠습니까? 우리의 선생을 대우한 방식이 이러하다면, 우리가 다른 것을 바랄 수 있겠습니까? 우리가 다른 대우를 받는다면, 주와 우리의 관계에 무언가 크게 잘못된 것이 있음에 틀림없을 것입니다. 우리도 하나님의 다른 자녀들처럼 주의 길에서 행하도록 유의합시다. 우리 주가 이 땅에서 어떤 상태에 직면하셨던 간에 우리도 그와 같은 것에 직면하지 않으면 안 됩니다.

세상이란 무엇입니까? 그리고 세상이 아닌 것은 무엇입니까? 당신이 주께로 오면 알게 될 것입니다. 당신은 한 가지 질문만을 물을 필요가 있습니다. 당신이 지금 직면하고 있는 이것이 주가 땅에 계실 때의 그와는 어떤 관계에 있었는가? 세상 백성들에 대한 그의 관계는 어떠했는가? 당신의 관계가 그리스도의 관계와 다르지 않다면 좋습니다. 그러나 만약 당신의 입장이 주의 것과 다르다면, 그것은 잘못된 것입니다. 우리는 죽임을 당하신 어린양을 따르는 자들입니다. 우리는 그가 어디로 가시든 어린양을 따릅니다(계 14장 4절 참조). 우리는 그가 죽으신 위치에서 어린 양과 함께 서 있습니다. 그 위치에 서 있지 않은 것이 무엇이든 간에, 주의 입장과 배치되는 것은 세상이며, 이것에서부터 우리는 분리되지 않으면 안 되는 것입니다.

3. 영적 생명을 소멸시키는 것들

우리는 다시 묻습니다. "세상은 무엇인가?" 주 앞에서 우리의 영적 생명을 소멸시키는 경향이 있는 것은 모두 세상입니다. 새 신자들에게 어떤 것들은 허용되고, 또 어떤 것들은 안 된다고 말하는 것이 얼마나 힘들며, 불가능한 것이겠습니까. 당신이 그들에게 10가지를 말해주면, 그들은 열한 번째 것을 묻습니다. 그러나 그들이 한 가지 원칙을 깨달으면, 그것을 수 없이 많은 일들에 적용할 수 있습니다. 당신으로 하여금 기도나 성경공부의 열정을 잃게 하거나, 당신이 증거 할 용기를 잃게 하는 것은 무엇이든 세상인 것입니다.

세상은 주에 대한 우리의 사랑을 차갑게 하는 일종의 분위기를 만들어내게 마련입니다. 그것은 우리의 영적 생명을 시들게 하고, 우리의 열심을 꺾고, 하나님을 향한 우리의 갈망을 얼어붙게 합니다. 이런 까닭에 그것을 거부하지 않으면 안 됩니다.

죄가 되지 않는 것들도 세상의 일들로 간주될 수 있겠습니까? 인간의 평가에 따라서는 높이 평가 받는 것들이 많이 있습니다. 그러나 문제는 이와 같습니다. 그것들이 우리를 주께로 가까이 이끌어주는데 도움이 되는가? 아니면 그것들이 우리의 영적 생명을 소멸하는가 입니다. 그것들이 선량한 것들일 수도 있습니다. 그러나 그것들을 몇 번 행하고 난 뒤에 우리의 내면의 불꽃이 시들기 시작합니다. 우리가 계속한다면, 불은 곧 꺼지게 됩니다. 그러면 우리 죄를 고백할 수 없고, 기도할 수 없고, 성경을 읽을 수 없음을 알게 됩니다. 이런 세속적인 것들이 비록 우리의 시간을 소비하지 않게 하는 것이더라도 그것들은 확실히 우리의 양심을 바쁘게 만듭니다. 즉 그것들이 하나님 앞에 우리들의 양심을 약화시키고, 우리에게 형언할 수 없게 잘못되고 있다는 감을 줍니다. 우리의 양심이 이런 느낌을 극복할 수 없게 됩니다. 이것이 성경에 대한 맛을 빼앗아갑니다. 우리가 증거하고 싶을 때 하찮은 느낌이 들게 합니다. 그것이 우리 입의 말을 삼켜버립니다. 이런 것들이 아무리 무죄한 것들이더라도, 그것들이 아무리 옳은 것 같을지라도, 그것들은 세상으로 분류되지 않으면 안 됩니다. 영적 생명을 소멸시키는 것은 모두 세상에 속한 것입니다.

4. 증언을 방해하는 사교적인 용무들

진술해야 할 또 한 가지 원칙은 사교 관계와 관련됩니다. 그 어떤 사교적 모임이나, 회식이나, 함께 하는 시간도 우리의 등불을 말 아래에 덮어버리게 하는 것은 세상으로 말미암은 것입니다. 이런 것들을 거부해야 합니다. 만약 자기들이 주의 것임을 고백할 수 없다면, 그런데도 만약 그들이 비신자들에게 귀를 기울이거나 그들에게 미소함으로서 공손한 척 한다면 어떻게 기독교인들이 사교적 교제를 계속할 수 있겠습니까? 어떻게 우리가 우리 내면의 느낌을 억누르고 미소 짓는 얼굴을 지을 수 있습니까? 내면으로는 세상을 느끼면서 어떻게 외면적으로는 공감을 보일 수 있겠습니까? 우리가 세상과 외적으로 동의한다면, 어떻게 사악한 것을 판단할 수 있겠습니까? 하나님의 자녀들 중 그들의 사교 생활에서 구별 짓는데 실패하기 때문에 세상으로 점점 끌려들어간 사람들이 많이 있습니다.

세상에서 나오라

"그러므로 너희는 그들 중에서 나와서 따로 있고 부정한 것을 만지지 말라 내가 너희를 영접하여 너희에게 아버지가 되고 너희는 내게 자녀가 되리라 전능하신 주의 말씀이니라".(고후 6:17-18) 이것은 "전능하신 주"란 이름이 사용된 신약성경의 첫 번째 경우입니다. 우리는 이것이 뒤에 계시록 책에서 사용된 것을 볼 수 있습니다. 히브리어로 그것은 "엘 샤다이"입니다. "엘"은 하나님이시고, "샤다이"는 여인의 가슴 또는 젖을 의미하는 어휘에 그 어근을 두고 있습니다. 이런 까닭에, 이 이름은 "모든 것이 충분하신 하나님"으로 번역할 수 있습니다. 어린이에게 필요한 것은 젖입니다. 이 젖은 어머니의 가슴에서 옵니다. 그러므로 어머니의 가슴은 어린이의 모든 필요를 공급해 줍니다. 우리 하나님이 그러하십니다.

　모든 것이 충족한 하나님이신 주는 우리가 세상에서 나와 부정한 것을 만지지 말라고 부르십니다. 그가 우리를 아들, 딸로 영접하시기 위해서 입니다. 이것은 단순히 낱말들만이 아닙니다. 이 말씀은 모든 것을 충족시켜 주시는 하나님께 떠받쳐 주심 받고 있는 것이기 때문입니다. 우리가 모든 것에서 떠나면, 우리는 빈손이 될 것입니다. 그러나 하나님께서 우리를 영접해 주실 것입니다.

제10과
차별을 철폐함

암송구절: 거기에는 헬라인이나 유대인이나 헬라파나 무할례파나 야만인이나 스구디아인이나 종이나 자유인이나 차별이 있을 수 없나니 오직 그리스도는 만유시요 만유 안에 계시니라.(골 3:11)

사람들 앞에서 주를 신앙고백하고 세상에서 분리된 후, 새 신자들은 모든 신자가 그리스도의 몸 안에서 하나라는 것을 볼 수 있어야 합니다. 이것을 우리는 차별을 철폐함이라고 부를 수 있을 것입니다.

"우리가 유대인이나 헬라인이나 종이나 자유인이나 다 한 성령으로 세례를 받아 한 몸이 되었고 또 다 한 성령을 마시게 하셨느니라"(고전 12:13). "이나"란 말씀은 모든 차별이 제거되었음을 의미합니다. 그리스도의 몸에는 이 세상의 것 같은 차별이 있을 수 없습니다. 우리는 모두 한 몸이 되도록 한 성령 안에서 세례를 받았으므로 우리는 모두 한 성령을 마시게 된 것입니다.

"누구든지 그리스도와 합하기 위하여 세례를 받은 자는 그리스도로 옷 입었느니라 너희는 유대인이나 헬라인이나 종이나 자유인이나 남자나 여자나 다 그리스도 예수 안에서 하나이니라"(갈 3:27-28). 그리스도 안에 있는 사람들은 그들 자신이 그리스도로 옷 입은 사람들입니다. 유대인과 헬라인, 종이나 자유인, 남자와 여자의 타고난 차별들이 철폐되었습니다.

"새 사람을 입었으니 이는 자기를 창조하신 이의 형상을 따라 지식에까지 새롭게 하심을 입은 자니라 거기에는 헬라인이나 유대인이나 할례파나 무할례파나 야만인이나 **스구디아**인이나 종이나 자유인이나 차별이 있을 수 없나니 오직 그리스도는 만유시요 만유 안에 계시느니라"(골 3:10-11). 다시 이 말씀은 날 때 타고난(natural) 차별 같은 것은 신자들 가운데 더 이상 존재하지 않는다고 말씀해 줍니다. 우리가 하나님의 형상대로 지음 받은 한 새 사람이 되었기 때문입니다. 이 새 사람 안에서 헬라인과 유대인, 할례자와 무할례자, 야만과 수구디아인, 종과 자유인의 모든 차별이 사라진 것입니다. 그리스도께서 만유이시며, 만유 안에 계시기 때문입니다.

성경의 이 세 구절들을 읽고 나서 우리는 모든 신자가 그리스도 안에서 하나라는 것을 쉽게 볼 수 있습니다. 모든 차별은 각기 폐기되었습니다. 이것은 교회의 성장을 위한 기초가 되는 문제입니다. 우리가 이런 세속적 차별들을 교회 안에 가져온다면 형제들과 자매들의 관계가 결코 제대로 자리 잡힐 수 없을 것이며, 교회가 하나님 앞에 자리를 잡을 수 없었을 것입니다.

이 구절들에 진술된 차별 중 다섯 가지 대조가 있습니다. 즉 헬라인과 유대인, 종과 자유인, 남자와 여자, 야만인과 수구디아인, 할례파와 무할례파 입니다. 그러나 사도는 그리스도 안에서 우리가 하나라고 말씀하십니다.

세상은 개인적 신분에 큰 주의를 기울입니다. 내가 어느 종족에 속해 있는가, 내가 어떤 배경을 갖고 있는가, 등등입니다. 나는 내 명예를 주장하지 않으면 안 되며, 내 신분을 보호하지 않으면 안 되는 것입니다. 그러나 일단 우리가 기독교인들이 되면, 그런 모든 차별을 제거해야 합니다. 아무도 그의 개인 신분이나 위치를 그리스도와 교회 안으로-한 새 사람 안으로 가져 와서는 안 됩니다. 그렇게 하면 옛 사람을 가져오게 될 것입니다. 옛 사람에게 속하는 것이 교회에까지 미치면 안 됩니다.

민족적 차별을 철폐함

하나님, 젊은 신자들의 눈을 은혜로 열어 주셔서 그들이 애초의 유대인이었든 이방인이었든 이제 그리스도 안에서 하나가 된 것을 보게 하옵소서. 그들의 모든 민족적 제약이 깨어졌으며, 민족적 차별은 전혀 더 이상 존재하지 않습니다. 어떤 사람들은 미국인 신자, 어떤 사람들은 영국 신자, 또 어떤 이는 이태리 신자, 또 일부는 한국인, 또 일부는 일본인, 또 다른 일부는 중국인 신자들이든 간에, 그들은 모두 주 안에서 형제자매들입니다. 아무도 하나님의 자녀인 그들을 분리시킬 수 없습니다. 우리는 미국인 기독교를 가질 수 없습니다. 만약 우리가 미국 기독교를 가질 것을 주장한다면, 우리는 그리스도를 가질 수 없습니다. 이 둘은 서로 배치됩니다. 그리스도 안에서, 우리는 모두 형제자매들입니다. 그리스도 안에 민족적 경계선이 존재할 수 없다는 것은 당연한 것입니다. 그리스도의 몸은 어떤 민족적 차별도 없이 한 새 사람, 완전히 하나입니다. 유대인 같은 강한 민족주의조차 그리스도 안에서 깨어지지 않으면 안 됩니다.

우리가 그리스도 안에 있는 사람을 만날 때마다, 그를 중국인이나 미국인이라고 더 이상 구별해서는 안 됩니다. 우리는 그리스도 안에서 하나이기 때문입니다. 중국인 교회를 세우려 하거나, 미국인의 증언을 세우려는 것은 중대한 결과를 가져올 과오입니다. 그리스도 안에는 유대인이나 이방인이 없습니다. 민족적 차별 같이 외적인 것들을 교회로 끌어들이는 것은 내부의 일들을 완전히 파괴하게 됩니다. 그리스도 안에는 어떤 차별도 없이 모두 함께 대등하게 됩니다. 차별이 들어오는 순간, 그리스도의 몸은 세속적 제도로 변화됩니다.

계급 차별을 제거함

계급적 정체성은 그리스도의 몸과 관련해서 또 다른 어려움을 가져옵니다. 우리가 외국인을 만나게 될 때까지 우리는 민족적 차별을 만나지 못합니다. 그러나 계급 관계는 매일 마주칩니다. 사도는 종과 자유인도 그리스도 안에서 역시 제거되었다고 말씀합니다.

　당신이 종살이 계급에 속해 있거나, 피고용인이나 부하라고 가정해 보십시오. 가정이나 사무실에서 당신은 당신의 위치를 지켜야 하고 귀 기울이는 법을 배우고 복종해야 합니다. 그러나 당신과 당신의 주인이나 고용주가 하나님 앞에 함께 오면, 당신은 그가 당신의 상사라고 해서 그에게 귀 기울일 필요가 없습니다. 영적인 일에 그런 계급 차별은 개입되지 않습니다.

　계급 차별의 철폐는 오직 기독교인들 가운데에서만 가능합니다. 오직 기독교인들만이 이 일을 철저히 수행할 수 있습니다. 우리 기독교인들은 서로 악수하며 우리가 형제들임을 선언할 수 있습니다. 우리는 차별을 극복하는 사랑을 갖고 있습니다. 세상에서는 한 계급의 사람들이 다른 계급의 사람들을 뒤엎으려 애를 씁니다. 그러나 그리스도 안에 있는 우리는 계급 차별을 완전히 철폐할 수 있습니다. 자유인과 종 사이의 깨뜨리기 어려운 계급 차별은 전적으로 분쇄되어야 합니다. 우리는 주께서 우리에게 주신 것 곧 그의 생명을 유일한 근거로 해서 다른 형제자매들과 친교 합니다. 이렇게 하면 우리가 하나님으로부터 큰 축복을 받을 것입니다. 그런 교회는 그리스도의 사랑으로 충만해질 것이며, 우리는 서로에게 그리스도를 시중들고 돌보는 자들이 될 것입니다.

　누구든 기독교인이 되면, 그는 교회 밖에 있는 그의 민족적 특징들을 떠나야만 합니다. 교회에는 그런 것들이 없기 때문입니다. 오늘날 많은 교회들에 문제가 있습니다. 민족적 특색의 침입으로 초래된 것들입니다. 수다스러운 사람들이 함께 집단을 이룹니다. 말을 싫어하는 사람들도 그렇게 합니다. 차분한 사람들이 함께 모여들고, 열광하는 사람들도 그렇게 합니다. 따라서 하나님의 자녀들 가운데 많은 차이점들이 존재하고 있습니다.

민족적 특징들이 교회와 새 사람 안에, 그리스도 안에는 있을 곳이 없음을 기억하십시오. 남들의 기질이 다르다고 해서 그들을 판단하지 마십시오. 당신이 그렇게 하면, 그들도 이렇게 당신을 판단할 것입니다. 당신은 그들에게 따뜻하게 말을 하는데 그들은 왜 그처럼 차갑게 말하는지 의아하게 생각할지 모릅니다. 하지만, 아마 그들 역시 당신의 기벽 때문에 괴로움을 당할지 모릅니다.

교회에 나오는 사람들 중 자기네는 날 때부터 그렇고 그렇다고 긍정하는 사람들이 많습니다. 그들은 이 말을 자랑스럽게 이야기합니다. 하지만 교회는 그들의 타고난 자아가 필요 없다고 말해주어야 합니다. 그들은 그들의 옛 자아를 교회에 가져와서는 안 됩니다. 그것은 그리스도 안에 있는 것이 아니며, 분열을 부추기는 것이기 때문입니다.

따라서, 우리는 옛 사람에게 속하는 것들을 모두 거부하지 않으면 안 됩니다. 이렇게 해야만 하나님의 모든 자녀들과 함께 계속해 나갈 수 있습니다.

문화적 차이를 철폐함

골로새서 3장 11절에 야만인과 수구디아인과의 대조가 나오는 이 문제는 주석가들을 어리둥절하게 합니다. 야만인은 막돼먹은,

미개한 상태의 사람입니다. 하지만 가끔은 특히 야만과 문명 사이의 상태에 있는 사람을 가리키기도 합니다(웹스터 사전 참조). 그러나 수구디아인이 누구인지는 불확실합니다. 어떤 사람들은 그가 야만인보다 더 야만스럽다고 말합니다. 수구디아인들의 야만성은 격언적이기까지 했었다고 하고(J. B. Lightfoot), 웨스트콧(B. F. Westcott)같은 사람은 고전에서 수구디아인들은 갈라디아인들과 함께 언급된 적이 많으므로 매우 존경스런 사람들에 틀림없다고 말합니다. 하지만 우리 각자가 어느 해석을 받아들이든, 그 요점은 특이한 자질 때문에 알려진 장소들이 있다는 사실일 것입니다.

실제적 문제로서, 문화적 차이는 많은 말썽거리를 일으킵니다. 그러나 이것 또한 그리스도 안에서 말소되었다는 것을 기억해야 합니다. 그리스도 안에 있는 우리는 너그러운 남자와 여자들입니다. 모든 사람들 중 우리들만이 세상이 견디지 못하는 것을 견딜 수 있습니다. 우리는 형제들을 구별하지 않습니다. 우리들은 각 개인으로서 우리들 자신을 기준으로 삼아 거기에 따라 다른 사람들을 판단하지 않습니다. 그런 상황은 그리스도 안에, 교회에, 한 새 사람 안에는 전혀 존재하지 않습니다. 어떤 형제들은 인도 출신 또 어떤 형제들은 아프리카 출신일 수 있습니다. 그들의 문화는 우리의 것과 크게 다릅니다. 그러나 우리는 한 가지 질문만을 묻습니다. 그들이 주 안에 있는지 그 여부입니다. 그러나 그들 또한 우리에게 같은 질문을 묻습니다. 만약 모두가 주 안에 있다면 모든 것이 해결됩니다. 우리는 주 안에서 접촉을 유지합니다. 우리는 주 안에서 서로 사랑합니다. 우리는 다른 것을 모두 참을 수 있으며, 하나님의 자녀들인 우리를 분열시킬만한 것은 어떤 것도 허용해서는 안 됩니다.

우리가 교양 있는 형제들을 모두 불러 모아 그들과 교회를 구성합니까? 또는 모든 솔직한 형제들만을 불러 모아 교회를 이룹니까? 아닙니다. 이 둘의 어느 것도 교회가 될 수 없습니다. 문화의 차이가 견디기 힘든 매우 어려운 문제인 것은 사실입니다. 그러나 이 문화적 차이가 교회의 일부가 아닌 것 또한 사실입니다. 그것은 그리스도의 몸 밖에 있는 것입니다. 그것을 결단코 교회에는 들여오지 마십시오. 그것이 결단코 문제가 되지 않게 하십시오.

육신에는 경건의 나타남이 없음

또 다른 대조는 "할례와 무할례"입니다. 이것은 육신의 경건의 외적 표시에 의한 구별에 대해 언급합니다. 유대인들이 그들의 육신에 할례를 받는 것을 우리 모두는 압니다. 그들은 그들에게 표를 갖고 있었습니다. 그들은 자기네가 하나님께 속해 있으며, 하나님을 경외하며, 육신을 부정한다고 공공연히 주장합니다. 그들은 육신의 이런 표를 통하여 하나님의 언약에 참여한다고 자신합니다.

유대인들은 할례를 크게 강조합니다. 이것이 유대교의 특색입니다. 할례 받은 사람은 하나님의 언약 안에 들어 있고, 무할례자들은 하나님의 언약에서 제외되어 있다는 것입니다. 유대인의 아무도 무할례자와 결혼이 허용되지 않습니다. 사도행전 15장에서 할례가 논의의 초점이 되었습니다. 유대 신자들의 일부는 이방인들에게 할례를 강요하고 싶어 했습니다. 갈라디아서 전체가 이 할례의 문제를 다루고 있습니다. 바울은 선언하기를, 만약 그가 할례를 전파한다면, 십자가의 구원은 더 이상 존재하지 않게 될 것인데, 사람들이 다만 육신의 경건의 외적 표에 의지하게 될 것이기 때문입니다.

바울은 할례가 육신의 더러움을 없이하지 못함을 아주 분명히 하고 있습니다. 할례는 다만 육신의 활동을 축소시킴을 목표하고 있는 것입니다. 중요한 것은 외면적인 것들이 아니라 내면적인 것입니다. 내적 비젼이 같은 것이라면, 외적 표현은 조금 다르더라도, 구분이 없게 될 것입니다.

성의 불일치를 중단함

그리스도 안에서 중단되어야 할 마지막 구별은 성차별 문제입니다. 교회 조직에는 남자와 여자가 각기의 위치를 갖고 있습니다. 교회가 모일 때, 남자가 하는 일들은 여자의 그것들과 다릅니다. 가정에서 남편과 아내의 책임은 각기 다릅니다. 그러나 그리스도 안에는 남자와 여자가 없습니다. 남자도 여자도 특수한 지위를 갖지 않습니다. 왜 그렇습니까? 그리스도는 만유이시며, 만유 안에 계시기 때문입니다. "만유"(all)란 말씀이 두 번 사용되었습니다. 그리스도는 만유이시며, 만유 안에 계십니다. 이런 까닭에 영적 생명에는 남자와 여자 사이에 절대 어떤 차별의 길도 없습니다.

봉사의 영역에서 자매들은 가끔 형제들의 그것과 다른 사역들을 갖고 있음이 틀림없습니다. 이것은 이 현 세대의 권위의 순서에 있어서의 배열 때문에 그렇습니다. 그러나 우리가 미래 시대에 올 때에는, 이런 배열은 달라질 것입니다. 하지만 오늘에조차 그리스도 안에서는 차이가 있을 수 없습니다. 형제와 자매가 둘 다 하나님의 아들의 생명으로 구원 받습니다. 둘 다 하나님의 자녀입니다. "자녀란" 말(헬라어로 "테크노")은 남자와 여자를 구별하지 않습니다 (그 어근에 따라 그것이 형식에서는 남성일지라도).

우리는 모두 형제자매들입니다. 우리는 각기 그리스도 안의 새 피조물입니다. 우리는 한 몸의 지체들입니다. 모든 자연적 차별은 그리스도 안에서 말소되었습니다. 그러므로 우리는 우리 마음에서 어떤 당파 정신, 어떤 분열적 정신이든 닫아버려야 합니다. 그렇게 해야 우리는 한 걸음 더 전진하게 될 것입니다.

제11과

증언

암송구절: 네가 그를 위하여 모든 사람 앞에서 네가 보고 들은 것에 증인이 되리라.(행 22:15)

　새 신자들은 주를 위해 증거 하는 법을 배우지 않으면 안 됩니다. 그렇지 않으면 복음은 그들과 함께 끝날 것입니다. 당신은 벌써 구원을 받았고, 생명을 갖고 있고, 당신의 빛이 타오르고 있습니다. 그러나 당신이 다 타버리기 전에 남들을 타오르게 하지 않으면 당신은 정말로 끝나게 됩니다. 주가 빈손이 되는 것을 보지 않으려면 당신은 주께 많은 사람들을 데려와야 합니다.
　"네가 그를 위하여 모든 사람 앞에서 네가 보고 들은 것에 증인이 되리라." 주는 이 말씀을 아나니야를 통해 바울에게 말씀하셨습니다. 당신이 보고 들은 것은 무엇이든 모든 사람에게 증언해야 합니다. 그러므로 증언의 첫째가는 기초는 보고 듣는 것입니다. 당신이 보거나 듣지 못한 것을 증언할 수는 없습니다. 바울이 가졌던 이 점은, 다른 사람들과 다르게 그가 주를 듣고 보았다는 것입니다. 그는 그가 보고 들은 것을 증언했습니다.

"아버지가 아들을 세상의 구주로 보내신 것을 우리가 보았고 또 증언하노니"(요1 4:14). 이 말씀은 증언이 무엇인지를 말씀해 줍니다. 우리는 우리가 본 것을 증언합니다. 하나님께 감사하리로다. 당신은 최근에 주를 믿었습니다. 당신은 주를 만났고, 주를 믿었고, 주를 영접했습니다. 당신은 이제 구속받았습니다. 죄에서 자유하고 용서를 받았으므로 당신 안에는 평안이 있습니다. 당신이 믿은 후 당신이 얼마나 행복한지, 전에 알지 못했던 행복을 당신은 이제 압니다. 전에는 죄의 짐이 당신 위에 무겁게 짓눌렀습니다. 그러나 하나님께 감사하게도 오늘 이 짐이 물러가 버렸습니다. 그러므로 당신은 보고 들은 사람입니다. 당신은 이제 무엇을 해야 합니까? 당신은 증언을 방출해야 합니다. 이것은 당신이 설교자가 된다거나 당신의 직업을 떠나 풀타임 일꾼이 되어야 한다는 뜻이 아닙니다. 이것은 단순히 당신이 친구들과 친척들과 아는 사람들에게 당신이 보고 들은 것을 증언한다는 뜻입니다. 당신은 영혼들을 주께 데려오도록 힘써야 하는 것입니다.

어떻게 증언하는가

위의 두 성구는 증언의 의미를 함께 설명해 줍니다. 이제 우리는 증언이 무엇인지 매우 간단히 설명해 줄 네 구절을 살펴보겠습니다.

첫째로, 동네·시내에서 말하라―사마리아 여인의 경우

요한복음 4장에서 그 사마리아 여인은 그때 그녀에게 물을 요청하신 주를 만났습니다. 그러나 주는 물을 구하신 후 태도를 바꾸시어 아무도 그것이 없이는 진정한 삶을 살며, 만족할 수 없는 생수를 그녀에게 제의하셨습니다. 우물물을 마시는 자는 다시 목마를 것입니다. 최소한 마시는 횟수만큼 목마르는 횟수가 많아질 것입니다. 당신은 결코 만족하지 못할 것이므로 거듭거듭 마셔야 하는 것입니다. 세상이 당신에게 제공할 수 있는 것이 한 동안은 만족을 줄지 모릅니다. 그러나 얼마 안 있어 목마름이 되돌아 올 것입니다. 오직 속에서 솟아나는 샘만이 영원히 만족시켜 줄 수 있습니다. 이 내면의 만족만이 세상의 요구로 부터 백성들을 구출해 줄 수 있습니다.

주 예수께서 사마리아 여인에게 그가 누구이신지 보여주시자, 그 여인은 물동이를―그때까지 그녀에게 가장 중요했던―남겨두고 동네로 들어가 "내가 행한 모든 일을 내게 말한 사람을 와서 보라 이는 그리스도가 아니냐"(29절)라고 했습니다. 여기서 우리는 증언의 산 실례를 보게 됩니다.

그녀가 무엇을 증언했습니까? 그녀는 "내가 행한 모든 것을 그가 말하였다"(39절)라고 했습니다. 그때까지 그녀는 많은 일들을 행하였는데, 어떤 것은 공중에 알려져 있었고, 또 어떤 것들은 알려져 있지 않았습니다. 그녀는 자기가 행한 것을 사람들에게 모두 말하기가 두려웠습니다. 그런데 이제 주가 바로 이것을 말씀하신 것입니다. 그래서 그녀가 행한 모든 것, 그녀 혼자서만 알고 있던 것들을 모두 말한 사람이 여기 있다고 증언한 것입니다. 이 사람이 그리스도가 아니냐? 그녀는 주를 보자마자 그녀의 입을 열었습니다. 성경에는 "여자의 말이 내가 행한 모든 것을 그가 내게 말하였다 증언하므로 그 동네 중에 많은 사마리아인이 예수를 믿는지라"(39절)라고 기록하고 있습니다.

　이것으로부터 우리는 한 가지를 볼 수 있습니다. 누구나 증언해야할 필요, 그 자신의 이야기를 말 할 필요가 있다는 것입니다. 주가 당신 같은 큰 죄인을 구해주셨는데, 당신이 입을 닫고 증언을 안 할 수 있습니까? 구주께서 나를 구해주셨습니다. 나는 내 입을 열어 주를 고백하지 않을 수 없습니다. 그 이유를 설명할 수는 없더라도, 최소한 이 분이 하나님이시며, 이 분이 하나님의 아들이시며, 이 분이 하나님이 정하신 구주이심을 나는 보는 것입니다. 동시에 나는 내가 은혜로 구원받은 죄인임을 볼 수 있습니다. 내게 요구되는 것은, 나의 느낌을 드러내는 것이 모두입니다. 나 자신은 무슨 일이 일어났는지 모를 수도 있습니다. 그러나 당신은 모두 내가 얼마나 크게 변했는지 볼 수 있습니다. 나는 그 일이 어떻게 일어났는지 모릅니다. 전에는 나 자신을 착한 사람이라고 생각했지만, 나는 오늘 나를 죄인으로 봅니다. 내가 죄로 생각하지 않았던 것을 주는 사악한 것이라고 내게 지적해 주셨습니다. 이제 나는 내가 어떤 유의 사람인지 압니다. 지난날에 나는 아무도 알지 못하는, 나만이 알고 있는 일들을 많이 행했습니다. 가끔은 내가 행한 것을 나 자신도 몰랐습니다. 나는 크게 죄를 지었지만, 악함을 의식하지 못했습니다. 하지만 여기에 내가 행한 모든 것을 내게 말씀해주신 사람이 오셨습니다. 내가 알았던 것과 알지 못했던 것을 그가 내게 말씀해 주셨습니다. 나는 손을 대어 주를 만져보았다고 고백해야 합니다. 이 분만이 구해주실 수 있는 그리스도이심이 틀림없습니다.

2. 집에서 증언하라―귀신들린 자

마가복음 5장 1-20절에서 우리는 귀신들렸던 한 사람을 봅니다. 그는 자기 몸을 돌로 찍었고, 그를 길들일 힘을 갖고 있는 사람이 없었습니다. 그는 그를 묶었던 쇠사슬을 끊고 족쇄를 산산조각 내었습니다. 그는 무덤 안에 살았고, 그곳을 감히 지나다니는 사람이 없었습니다. 그러나 주는 그 불결한 영을 그 사람으로부터 쫓아내셨습니다. 그는 주를 따르고 싶어 했지만, 주는 그에게 명령하셨습니다. "집으로 돌아가 주께서 네게 어떻게 큰일을 행하사 너를 불쌍히 여기신 것을 네 가족에게 알리라"(9절). 주가 당신에게 행하신 큰 일들을 말하는 것이 주를 위해 증언하는 것입니다.

당신이 은혜를 받을 때, 당신은 가족과 이웃과 친척들로 하여금 당신이 이제 구원 받은 사람임을 알게 해야 합니다. 당신이 그를 어떻게 믿게 되었고, 주께서 당신에게 어떻게 큰일을 행하셨는지 말하십시오. 그들에게 이 사실을 말해주고 그들에게 진실하게 증언하십시오. 그렇게 하면 당신은 다른 사람들에게 불을 붙이게 되고, 주의 구원이 계속되게 하실 것입니다.

3. 회당에서 선포하라-사울

"사울이 다메섹에 있는 제자들과 함께 며칠 있을 새 즉시로 각 회당에서 예수가 하나님의 아들이심을 전파하니 듣는 사람이 다 놀라 말하되 이 사람이 예루살렘에서 이 이름을 부르는 사람을 멸하려던 자가 아니냐 여기 온 것도 그들을 결박하여 대제사장들에게 끌어가고자 함이 아니냐 하더라."(행 9:19후반-21) "즉시로(즉각)란 말씀은 헬라어로 매우 강조된 것입니다.

그러니까 한 사람이 주를 영접한 후 처음 해야 할 일은 주를 증언하는 것입니다. 사울의 눈이 치유되자 그는 즉시 예수께서 하나님의 아들 되심을 증언할 첫 번째 기회를 잡았습니다. 주 예수를 믿는 사람들은 모두 즉시 이렇게 해야 합니다.

구원 받은 사람이 마치 아무 일도 일어나지 않았다는 듯 조용히 앉아 있을 수 있습니까? 그가 주 예수를 믿으면서 동시에 크게 놀라운 느낌을 갖지 않을 수 있습니까? 어느 누구든 그렇게 할 수 있다면 믿을 수 없는 일입니다. 그는 엄청난 발견을, 무엇보다 가장 특별한 사건, 나사렛 예수가 하나님의 아들이심을 발견한 것입니다! 그가 한밤중에 친구 집 문을 두드렸다 해도 나는 조금도 놀라지 않을 것입니다. 참으로, 그는 이 소식을 전하기 위해 산위에 올라가 고함치거나, 나사렛 예수가 하나님의 아들이심을 선언하기 위해 바닷가로 가야 합니다! 다른 어떤 발견도 이것에 비교될 수 있는 것은 없습니다. 온 세상의 모든 발견을 함께 합쳐도 이것에 비교될 만한 것은 없습니다. 참으로, 우리는 하나님의 아들을 발견한 것입니다. 얼마나 엄청난 일입니까!

4. 개인적 증거

요한의 말을 듣고 예수를 따르는 두 사람 중의 하나는 시몬 베드로의 형제 안드레라 그가 먼저 자기의 형제 시몬을 찾아 말하되 우리가 메시야를 만났다 하고 (메시야는 번역하면 그리스도라) 데리고 예수께로 오니 예수께서 보시고 이르시되 네가 요한의 아들 시몬이니 장차 게바라 하리라 하시니라(게바는 번역하면 베드로라) 이튿날 예수께서 갈릴리로 나가려 하시다가 빌립을 만나 이르시되 나를 따르라 하시니 빌립은 안드레와 베드로와 한 동네 벳새다 사람이라 빌립이 나다나엘을 찾아 이르되 모세가 율법에 기록하였고 여러 선지자가 기록한 그이를 우리가 만났으니 요셉의 아들 나사렛 예수니라(요 1:40-45).

이 넷째 구절에서 안드레가 시몬을 찾았고, 빌립이 나다나엘을 찾은 것을 봅니다. 이것으로부터 우리는 우리가 주를 믿은 후 동네에서, 가정에서, 회당에서 뿐만 아니라, 개인 대 개인으로 증언해야 할 것을 보게 됩니다.

신자의 행복의 비결

모든 신자의 삶에는 두 번의 큰 날, 특별히 기뻐해야 할 날들이 있습니다. 첫째는 그가 주 예수를 믿는 날이고, 둘째는 그가 처음으로 누군가를 그리스도께 인도하는 날입니다. 어떤 사람을 주님께 처음으로 인도하는 기쁨은 많은 사람에게 그들 자신의 구원의 기쁨을 능가하기조차 합니다. 그러나 행복하지 못한 신자들이 많습니다. 그들이 주를 위해 한 마디도 하지 못했거나, 한 영혼도 그리스도께 인도하지 못한 것입니다. 당신의 상태가 이런 것이 되지 않게 하십시오. 기쁨이 없는 지점에까지 퇴보하지 마십시오.

성경에서 이렇게 말씀하고 있습니다. "지혜로운 자는 사람을 얻느니라"(잠 11:30후반). 새 신자들은 그들의 기독교인 생활을 시작할 때 사람들을 구원으로 이끌어주는 것을 배워야 합니다. 영혼을 이끄는 법을 모르기 때문에 신자들의 영적 이해가 열리지 않는 사람들이 많습니다. 우리가 사람들에게 강단 위에서 설교하라고 권면하지는 않지만, 그들에게 영혼을 구하도록 설득합니다. 설교할 수 있는 사람은 많지만 영혼을 구할 수는 없습니다. 당신이 사람들을 그들에게로 데려오면, 그들은 이 영혼들을 다루는 법을 모릅니다. 영혼들을 다루고 그들을 그리스도에게 인도하는 법을 아는 사람들만이 교회에 쓸모가 있습니다. 새 신자들로 하여금 그들의 기독교인 생활에서 이것을 일찍 배울 수 있게 하옵소서.

제12과
사람들을 그리스도에게 인도하기

암송 구절: 지혜로운 자는 사람을 얻느니라.(잠 11:30후반)

사람들을 주께 인도하는 문제를 두 가지 면에서 바라봅시다. 첫째로는, 죄인들을 위하여 하나님께 접근하는 것과, 둘째로는 하나님을 위해 죄인들에게 접근하는 것과, 사람들을 주께로 인도하는 법입니다.

죄인들을 위해 하나님께 가까이 감

1. 기도는 (영)혼들을 구원하는데 있어서 기본이 되는 사역

혼들을 구원하는 일에는 한 가지 기본 원칙이 있습니다. 즉 당신이 어떤 사람에게 말을 하기 전에, 당신은 먼저 하나님께 기도하지

않으면 안 됩니다. 먼저 주께 구하고, 그런 다음 그 사람에게 말을 하십시오. 당신이 뒤에 말하게 될 사람을 위해 먼저 하나님께 아뢰어야 하는 것은 절대 필수적입니다. 만약 당신이 그 사람에게 먼저 말한다면, 당신은 아무 일도 성취할 수 없을 것입니다.

이런 까닭에, 맨 먼저 해야 할 일은 몇몇 (영)혼들을 위해 하나님께 구하는 일입니다. "아버지께서 내게 주신 자는 다 내게로 올 것이요"(요 6:37)라고 주께서 말씀하셨습니다. 따라서 우리는 하나님께서 구원 받은 사람들을 교회에 날마다 어떻게 더하시는지 기억하게 되는 것입니다(행 2:47). 우리는 (영)혼들을 위해 하나님께 구하지 않으면 안 됩니다. "오 하나님, 영혼들을 주 예수께로 주시며, 사람들을 교회에 더하여 주소서"라고 기도할 필요가 있습니다. 기도해야 하나님께서 사람들을 주십니다. 사람들의 마음(hearts)이 너무 미묘하여 그들은 쉽게 돌아서지를 않습니다. 이런 까닭에 우리가 그 사람에게 충분히 말하기 전에 그 사람을 위해 신실하게 기도하지 않으면 안 됩니다. 기도가 얼마나 중요합니까. 당신이 그리스도에게 인도하고 싶은 사람들을 위해 이름을 들어 기도하십시오. 그리고 하나님께서 그들을 구해주실 것을 믿으십시오. 그런 다음 그들을 주께로 인도하십시오.

2. 기도에 대한 가장 큰 장애물은 죄

새 신자들은 모든 알려진 죄를 물리치도록 특별한 주의를 기울여야 합니다. 우리는 하나님 앞에 거룩한 삶을 사는 법을 배우지 않으면 안 됩니다. 만약 누구든 죄 문제에 엄격하지 않으면 그의 기도는 확실히 지장을 받을 것입니다. 죄는 큰 문제입니다. 그들 삶에서 죄를 관용하기 때문에 기도할 수 없는 사람들이 많습니다. 죄는 우리 기도에 장애물이 될 뿐만 아니라, 우리의 양심도 파선시킬 것입니다.

새 신자들이 기도에 숙달되려면 죄 문제를 해결해야만 할 것을 알아야 합니다. 따라서 그들은 보혈의 소중함을 특히 주목해야 합니다. 그들은 죄 가운데 너무 오래 살아왔으므로 그들이 죄에 대하여 조금만 관용해도 죄에서 완전히 자유할 수 없게 될 것입니다. 그들은 하나님 앞에 그들의 죄를 하나씩 고백하고, 그 각각을 거부하고, 죄에서 자유로워져야 합니다.

이렇게 해야 그들의 양심이 회복됩니다. 보혈로 정결케 하심을 받으면 양심은 즉시 회복됩니다. 보혈의 정결케 하심과 함께 양심은 더 이상 고발하지 않으며, 그 사람은 당연히 하나님의 얼굴을 뵐 수 있을 것입니다. 당신을 하나님 앞에 약화시킬 지점으로까지 넘어지지 않게 하십시오. 그렇게 되면 당신은 남들을 위해 중보 기도할 수 없게 될 것입니다. 따라서 이 죄의 문제는 당신이 날마다 첫째로 주목하지 않으면 안 될 일입니다. 죄를 잘 처리하십시오. 그러면 당신은 하나님 앞에 잘 기도할 수 있고, 사람들을 그리스도에게 인도할 수 있습니다. 당신이 날마다 주 앞에서 믿음으로 남들을 위해 기도한다면, 당신은 얼마 안 되어 그들을 그리스도에게로 개종시키게 될 것입니다.

3. 믿음으로 기도하라

신자들이 일단 그들의 죄를 철저히 처리하고, 하나님 앞에 강한 양심을 유지하면, 그들은 이어 믿음이 중요함을 볼 필요가 있습니다.

실제로 새 신자들의 기도 생활은 주로 양심과 믿음과 관련됩니다. 기도가 약간 깊더라도 새 신자들에게는 기도는 다만 양심과 믿음의 문제일 따름입니다. 하나님 앞에 그들의 양심이 거리낄 것이 없으면, 그들의 믿음은 쉽게 강해질 수 있습니다. 따라서 그들의 믿음이 충분히 강해지면, 그들의 기도가 쉽게 응답될 것입니다. 그러므로 그들이 믿음을 갖는 것이 필요한 것입니다.

믿음이란 무엇입니까? 기도할 때 의심하지 않는 것입니다. 우리가 기도하도록 강권하시는 이는 하나님이십니다. 우리가 기도하면 그가 응답하시지 않을 수 없습니다. 그가 말씀하십니다. "문을 두드리라 그리하면 너희에게 열리리라." 내가 문을 두드리는데 어떻게 하나님께서 안 열어주실 수 있습니까? 그가 말씀하십니다. "찾으라 그리하면 찾아낼 것이요," 내가 찾는데 어떻게 찾지 못할 수 있습니까? 내가 구하여도 주시지 않는다는 것은 절대 불가능한 것입니다. 우리 하나님이 누구시라고 생각하십니까? 하나님의 약속이 얼마나 신실하고 의지할만한지 우리는 알아야 합니다.

믿음은 하나님의 말씀에 의해 옵니다. 하나님의 말씀은 꺼내서 사용할 수 있는 현찰과 같습니다. 하나님의 약속은 하나님의 일입니다. 약속은 하나님의 일이 무엇인지 우리에게 말해주며, 일은 하나님의 약속을 우리에게 나타내줍니다. 하나님의 말씀을 믿고 의심하지 않으면, 우리는 믿음에 거할 것이며, 하나님께서 말씀하시는 모든 것이 얼마나 믿을만한지 알게 될 것입니다. 우리의 기도들이 응답될 것입니다.

하나님을 위해 죄인들에게 접근함

죄인들을 위해 기도하고, 죄인들을 위해 하나님께 가까이 나가는 것으로는 충분하지 않습니다. 하나님을 위해 죄인들에게 가까이 접근해야 하는 것 역시 중요합니다. 우리는 하나님이 어떤 분이신지를 그들에게 말해줄 필요가 있습니다. 하나님에게 감히 말하는 사람들은 많지만, 사람들에게 말할 용기를 갖고 있지 못한 사람들이 많습니다. 젊은이들은 남들에게 말할 만큼 담대하도록 훈련받아야 합니다. 그들은 기도하지 않으면 안 될 뿐만 아니라, 말을 걸 기회도 구해야만 하는 것입니다.

사람들에게 말할 때, 특별히 주목해야 할 것들이 몇 가지 있습니다.

1. 결코 불필요한 논쟁을 벌이지 말아야 함

사람들에게 말할 때 우리는 약간의 기교가 필요합니다. 무엇보다 불필요한 논쟁에 휘말리면 안 됩니다. 우리가 결코 논쟁하면 안 된다는 뜻이 아닙니다. 사도행전에서 그들이 논쟁한 몇몇 실례들을 보게 되기 때문입니다. 바울 사도마저 논쟁을 했습니다. 만약 당신이 논쟁해야 한다면, 듣고 있는 제 3자의 유익을 위해 한 사람과 논쟁하십시오. 그러나 당신이 그리스도에게 이끌어 들이려는 사람을 위해서는 대체로는 당신이 논쟁하지 않는 것이 더 좋습니다. 그와는 논쟁도 말고, 그가 듣도록 하기 위해 논쟁하지도 마십시오. 어째서 입니까? 논쟁은 사람들을 끌어들이는 대신 쫓아버리기 쉽기 때문입니다. 당신은 부드러운 영을 보여줄 필요가 있습니다. 그렇잖으면 사람들이 당신으로부터 도망갈 것입니다.

논쟁이 사람의 마음을 감동시킬 수 있다고 생각하는 사람들이 많습니다. 그러나 이것은 사실이 아닙니다. 논쟁은 기껏해야 사람들의 마음을 복종시키게 할 따름입니다. 그러므로 머리에서 오는 말들은 가급적 적게 말하고, 그 대신 증언을 많이 하는 것이 좋습니다. 주 예수를 믿은 후, 당신이 어떻게 기쁨과 평안과 안식을 경험했는지를 사람들에게 말하십시오. 이것은 아무도 논쟁을 불러일으킬 수 없는 사실들인 것입니다.

2. 사실들에 집착함

사람들을 주께로 인도할 때의 또 한 가지 방법은, 말하는 동안 교리가 아니라 사실을 사용한다는 것입니다. 사람들이 믿음에 오는 것은 교리의 합리성이나 사리에 맞는 것이기 때문이 아닙니다. 교리의 논리를 보지만 그래도 믿지 않는 사람들이 많습니다.

영혼들을 구할 수 있는 사람은 단순한 사람일 경우가 많습니다.

교리에 관해 잘 설교하는 사람들이 사람들의 생각을 바로 잡을지는 모르지만 영혼 구원에는 실패합니다. 한 가지 목적은 사람들을 구원하는 데에 있지, 그들의 생각을 교정하는데 있지 않습니다. 그들을 구원하지 못한다면 그들의 생각을 고친다는 것이 무슨 소용이 있습니까?

3. 신실하고 열정적인 태도를 유지함

증언할 때는 우리의 태도가 신실하고 열정적이어야지 경박해서는 안 됩니다. 우리는 논쟁을 하면 안 됩니다. 다만 우리가 하나님 앞에서 경험한 사실만을 말해야 합니다. 우리가 이런 입장에 굳게 선다면, 많은 사람을 주께 인도할 수 있을 것입니다. 큰 두뇌를 가지려 애쓰지 말고, 사실들만을 강조하십시오. 다른 문제들에 대해서는 조크를 할 수도 있을 것입니다. 그러나 이 한 가지에서는 우리는 진지하지 않으면 안 됩니다.

4. 하나님께 기회를 구함

"하나님께서 우리에게 다른 사람들과 함께 말할 기회를 주시도록 기도해야 합니다. 우리가 기도하면 기회를 받을 것입니다. 함께 말을 나누기가 어려운 사람도 있어 보입니다. 그러나 그들을 위해 기도하면 당신은 그들과 함께 말할 기회를 받을 것이며, 그들이 변화될 것입니다.

그러므로, 우리는 기도하고 말도 하는 법을 배우지 않으면 안 됩니다. 주 예수님에 대해 그들의 친구와 친척들에게 입을 열어 말하지 않으려고 하는 사람들이 많습니다. 아마 기회가 당신을 기다리고 있을지 모르지만 당신이 두려워하기 때문에 이 기회들을 놓치고 있을지도 모릅니다.

5. 같은 부류의 사람들을 찾음

우리의 과거 경험에 의하면, 사람들이 같은 부류의 사람들을 찾아 구원하는 것이 훨씬 좋습니다. 이것이 사회 일반의 법칙이나 습관입니다. 간호사들은 간호사들 사이에서 일할 수 있고, 의사들은 의사들 사이에서, 환자는 환자들끼리, 공무원은 공무원들과, 학생들은 학생들과 일할 수 있습니다. 당신에게 가장 가까운 사람들에게서 착수하십시오. 당신은 처음부터 옥외 모임에서 시작할 필요가 없고, 당신의 가족과 아는 사람들로부터 시작하십시오. 의사가 환자들을, 교사가 학생들을, 고용주가 피고용인들과, 주인이 종들과 시작하는 것이 자연스럽습니다.

예외가 없다고 말하는 것은 아닙니다. 예외가 있습니다. 우리 주 예수님 자신이 몇몇 예외적인 본보기를 주셨습니다. 그렇더라도, 같은 부류 사람들에 관한 이 규칙이 일반적으로 선호되고 있습니다. 광부가 대학에서 설교하는 것은 예외적입니다. 주님 자신은 가끔 예외적인 일들을 행하시더라도 주께서 그런 일들을 날마다 행하시는 것으로 기대해서는 안 됩니다. 이를테면, 매우 학식 있는 사람이 부둣가의 노동자들에게 이야기하는 것이 아주 부적절한 것은 아닙니다. 그러나 만약 몇몇 근해 어부가 구원받아 그들이 나머지를 구원하기 위해 밖으로 나간다면, 더욱 적절하고 쉽게 접촉될 것으로 제게는 생각되는 것입니다.

6. 기도를 통하여 날마다 사람들을 하나님께 데려오기

우리가 그를 위해 기도해야 할 사람이 없을 때는 결코 없을 것입니다. 우리는 같은 학생들을 위해, 동료들을 위해, 동료 간호사나 의사들과 동료 종업원들을 위해 기도할 수 있습니다. 하나님께서 특히 당신의 마음에 그들의 한, 두 사람을 붙여주시도록 구하십시오. 그가 당신 마음에 한 사람을 주시면, 그의 이름을 책에 기입하고, 날마다 그를 위해 기도하십시오.

당신이 한 영혼을 위해 기도한 후, 또한 그에게 말을 걸어야 합니다. 당신을 향한 주의 은혜를 그에게 말해주십시오. 이것을 그는 거스르거나 잊을 수 없을 것입니다.

7. 때를 얻든지, 못 얻든지

끝으로, 당신이 전에 미리 그들을 위해 기도하지 않은 사람들에게는 당신이 전도하지 말아야 한다는 것이 아니라고 저는 말씀드리고 싶습니다. 당신이 그들을 처음 만나게 될 때 당신이 전도해야 할 사람들이 있을 것입니다. 모든 기회를 붙잡으십시오. 때를 얻든지 못 얻든지 기도하십시오. 당신은 누가 빠져 나갈지 알지 못하기 때문입니다. 당신이 항상 기도해야 함 같이 당신은 당신의 입을 규칙적으로 열지 않으면 안 됩니다. 이름을 아는 사람들을 위해 기도하며, 이름을 모르는 많은 사람들을 위해 기도하십시오. 주께서 죄인들을 구해주시도록 기도하십시오. 당신이 한 죄인을 우연히 만나게 될 때마다, 하나님의 영께서 당신에게 감동을 주시면 그에게 말씀을 전하십시오.

제13과
가족 구원

암송구절: 주 예수를 믿으라 그리하면 너와 네 집이 구원을 얻으리라.(행 16:31)

기초적 단위를 이루고 있는 것들이 많이 있는데, 구원의 단위는 가족입니다. 성경에서 하나님은 사람들을 다루심에서 많은 약속들을 주심을 보게 됩니다. 우리가 이 약속들을 알면, 큰 유익을 얻게 되겠지만, 그렇잖으면 손실을 당하게 될 것입니다. 하나님께서 구원과 관련해서 주시는 약속은, 그 기본 단위로 개인이 아니라 가족입니다. 새 신자들은 이것을 상기해야 합니다. 이것이 많은 문제들을 해결해주며, 그들에게 큰 유익을 줄 것이기 때문입니다.

구원의 단위

성경에서 영생에 대해 말씀할 때, 성경은 그 단위로서 항상 개인과 관계를 가지며, 결코 그 단위로서 가족을 받아들이지 않습니다. 그러나 성경에서 구원을 다룰 때에는 실제로 개인이 아니라 가족과 관계합니다. 영생의 단위는 개인인 반면, 구원의 단위는 가족임을 알아야만 합니다.

하나님의 구원은 가족을 위한 것이라는 것이 성경의 기본 원칙입니다. 그 증거를 구약과 신약 성경에서 이제 검토해 보기로 합시다.

구약 성경의 예

1. 온 가족이 방주에 들어갔다

"여호와께서 노아에게 이르시되 너와 네 온 집은 방주로 들어가라"(창 7:2).

"방주에서 물로 말미암아 구원을 얻은 자가 몇 명뿐이니 겨우 여덟 명이라"(벧전 3:20후반).

방주는 한 사람을 위한 것이 아니라 온 집을 위한 것이었습니다. 성경은 그 사람 노아가 하나님 앞에 의인이었다고 확언하지만, 노아의 아들들과 자부들이 의로웠다는 기록을 아무데서도 볼 수 없습니다. 노아만이 의로운 사람으로 언급되었습니다. 하지만 하나님께서 노아를 위해 구원을 준비하셨을 때, 그의 온 집이 방주에 들어가도록 명하셨습니다. 방주는 그 단위로써 개인이 아니라 집을 사용했습니다.

초신자는 그의 온 집을 방주로 데리고 와야 합니다. 당신은 이렇게 기도할 수 있습니다. "주여, 저는 당신을 의지하나이다. 이제 저는 당신께서 제 온 집을 데려오시도록 구합니다. 당신께서 저의 온 집이 들어올 수 있다고 말씀하셨기 때문이니이다." 하나님께서 당신의 믿음을 보시고 당신의 온 집을 데려오실 것입니다.

2. 각 집을 위한 유월절 어린 양

"너희는 이스라엘 온 회중에게 말하여 이르라 이 달 열흘에 너희 각자가 어린 양을 잡을지니 각 가족대로 그 식구를 위하여 어린 양을 취하되…그 피를 양을 먹을 집 좌우 문설주와 인방에 바르고" (출 12:3,7).

유월절 어린 양은 개인을 위한 것이 아니라 분명 가족을 위한 것이었습니다. 따라서 우리는 하나님 보시기에 가족이 얼마나 중요한가를 보게 됩니다. 어린 양은 한 사람을 위함이 아니라 온 집을 위한 것이었습니다. 따라서 가족을 보존하기 위하여 그 피를 문설주에 바른 것입니다.

주 예수 그리스도께서 준비하신 구원이 온 집을 위한 유월절 어린양과 같음은 얼마나 놀라운 일입니까. 온 집이 어린 양을 먹고, 그 피를 적용하게 되어 있습니다. 온 가족이 함께 주의 구원을 받습니다.

3. 붉은 줄로 구원 받은 가족

"누구든지 네 집 문을 나가서 거리로 가면 그의 피가 그의 머리로 돌아갈 것이요 우리는 허물이 없으리라 그러나 누구든지 너와 함께 집에 있는 자에게 손을 대면 그의 피는 우리의 머리로 돌아오려니와"(여 2:19).

"이 성과 그 가운데에 있는 모든 것은 여호와께 온전히 바치되 기생 라합과 그 집에 동거하는 자는 모두 살려 주라 이는 우리가 보낸 사자들을 그가 숨겨 주었음이니라"(여 6:17).

기생 라합의 경우 온 집이 역시 구원 받았습니다. 어째서입니까? 그녀가 사자들을 숨겨두었기 때문입니다. 하나님이 그녀에게 한 징조를 주셨습니다. 그녀는 그녀의 창문에 붉은 줄을 매어두어야 했습니다. 집 안에 있는 사람들은 모두 죽음을 면하게 될 것이었습니다. 나머지 여리고 주민들은 모두 죽임을 당했습니다. 구원은 붉은색 줄에 있었습니다. 그러나 이 구원은 라합뿐만 아니라 그녀의 집도 구원했습니다.

그러므로 구원의 범위는 매우 분명합니다. 가족입니다. 여호수아 2장에서 우리는 그 약속을 봅니다. 6장에서는 그 실시를 봅니다. 약속대로 실천도 그러했습니다. 그러므로 라합의 온 집이 구원을 받았습니다.

신약 성경의 예

1. 삭개오의 집

삭개오의 경우는 어떻습니까? "예수께서 이르시되 오늘 구원이 이 집에 이르렀으니 이 사람도 아브라함의 자손임이로다." 신약성경에서도 같은 원칙을 선언하고 있는 것은 얼마나 놀랍습니까? 우리는 구원이 흔히 개인에게 오는 것으로 생각합니다. 아마 많은 사람들이 그렇게 설교했을 것입니다. 그러나 주는 "구원이 이 집에 이르렀으니"라고 선언하십니다.

나가서 복음을 설교(전파)할 때, 당신은 가족 구원에 주의를 기울여야 합니다. 개인들만 구원받아야 할 것으로 기대하지 마십시오. 당신이 실제로 믿고 참으로 더 많은 것을 기대한다면, 당신의 일에 큰 변화를 경험하게 될 것입니다. 우리는 온 집이 개심하기를 원합니다. 많은 것이 당신의 믿음과 기대에 좌우됩니다. 만약 비신자들이 주께로 한 사람씩 오기를 당신이 기대한다면, 그들은 한 사람씩 올 것입니다. 그러나 만약 그들이 집 단위로 오는 것을 믿으면 당신은 집 단위로 그들을 얻게 될 것입니다. 하나님의 구원의 범위는 집입니다. 이 범위를 축소시키지 맙시다.

2. 고넬료의 집

"그가 경건하여 온 집 안과 더불어 하나님을 경외하며 백성을 많이 구제하고 하나님께 항상 기도하더니"(행 10:2).

"그가 너와 네 온 집이 구원 받을 말씀을 네게 이르리라 함을 보았다 하거늘"(행 11:14).

고넬료는 자기 친척과 친구들을 초대하여 베드로의 말을 듣게 했습니다. 베드로가 말할 때에 성령이 그들에게 임하셨고, 그 집에 모인 모두가 구원을 받았습니다. 이것은 하나님께서 개인들만을 다루시기보다 가족을 다루신다는 한 가지 엄청난 증거입니다.

3. 루디아의 집

"그와 그 집이 다 세례를 받고 우리에게 청하여 이르되 만일 나를 주 믿는 자로 알거든 내 집에 들어와 유하라하고 강권하여 머물게 하니라"(행 16:15). 사도들은 루디아의 집 식구들에게 전파했고, 그들은 믿었고 세례를 받았습니다.

4. 빌립보 간수의 집

"이르되 주 예수를 믿으라 그리하면 너와 네 집이 구원을 받으리라"(행 16:31). 이것은 기독교에서 가장 유명한 성경 구절의 하나입니다.

주 예수를 믿으십시오. 그리하면 당신과 당신의 집도 구원을 받을 것입니다. 우리가 이 진술을 논박할 수 있다고 나는 생각하지 않습니다. 하나님의 말씀은 "주 예수를 믿으라 그러면 네가 영생을 얻을 것이며 너와 네 집도 그러하리라"라고 말씀하지 않습니다. 주 예수를 믿으라 그리하면 너와 네 집이 구원을 받으리라 입니다.

5. 이 약속은 당신과 당신의 자녀들에 대한 것

우리는 고넬료의 집의 구원에서 복음의 문이 어떻게 이방인들에게 열렸는지 이미 살펴보았습니다. 이제는 오순절의 상황을 살펴보기 위해 그리로 돌아가 봅시다.

"이 약속은 너희와 너희 자녀와 모든 먼데 사람 곧 주 우리 하나님이 얼마든지 부르시는 자들에게 하신 것이라 하고"(행 2:39).

오순절에 하신 이 약속은 사람의 죄가 용서 받고 그가 성령을 받기 위한 것입니다. 이 약속은 당신은 물론 당신의 자녀들에 대한 것입니다. 그러므로 가족의 각 머리들이 이 약속을 붙잡는 것이 특히 중요합니다. 이 약속은 우리와 우리 자녀들에게 주신 것입니다. 이것은 유독 우리 자신들을 위한 것이 아닙니다. 우리의 자녀들도 이것을 우리와 함께 갖기 위한 것입니다.

우리가 진실로 믿으면, 주께서 역사하실 것입니다. 그 길은 확실합니다. 하나님이 가족들로서 우리를 축복하실 것입니다. 가족 구원은 엄청난 원칙입니다. 한 사람이 믿으면, 온 집이 구원받을 것입니다. 그러므로 당신의 가족이 모두 변화될 수 있도록 하나님 앞에 굳게 서십시오.

제 3 권

함께 모임

제14과
교회에 가입함

암송구절: 그러므로 그리스도께서 우리를 받아 하나님께 영광을 돌리심과 같이 너희도 서로 받으라.(롬 15:7)

한 사람이 주를 믿은 다음에는 그는 즉시 교회에 가입하는 문제에 직면합니다. 우리는 세상에서 분리되어야만 한다는 것을 전에 말씀드린 바 있습니다. 그러나 그것이 끝이 아닙니다. 교회에 가입하는 적극적 면이 아직 있습니다(우리는 "교회에 가입한다"란 어구를 좋아하지 않습니다. 그러나 문제점을 명백히 하기 위해 이 말을 임시로 사용하기로 합니다). 이것에 관하여 네 가지 점들을 이제 말씀 드리고 싶습니다.

교회에 가입해야 함

신자들 중 그들 단독으로 모두 기독교인이 될 수 있다고 생각하는 사람들이 많습니다. 그들은 자기네가 어떤 교회에도 가입할 필요가 없다고 생각하는 것입니다. 그들은 말하기를 우리는 그리스도를 원하지만 교회를 원하지 않는다. 우리는 그리스도와 우리와의 개인적 관계를 원하지, 교회와는 관계할 필요가 없다. 우리들 단독으로는 기도할 수 없는가? 물론 기도할 수 있다. 그렇다면 왜 남들과 의사소통하는 수고를 무릅써야 하는가? 왜 주님과 혼자 당연한 친교를 갖지 않는가? 라고 말입니다. 이런 생각들은 마땅히 좌절시켜야 할 필요가 있기 때문에 어린 산자들은 그들의 개인적 의견과 관계없이 교회에 가입하도록 안내 받아야 합니다. 그들은 구원에는 두 가지 면이 있음을 알아야 합니다.

첫째로, 개인적 측면이 있습니다. 한편으론 그는 그 스스로 생명을 받고 또 주께 기도를 드릴 수 있습니다. 그는 방 안에 자기를 틀어박아 놓고 주를 믿을 수는 있습니다. 그러나 만약 그가 아는 것이 고작 개인 구원이라면, 그는 정상적으로 발전하지도 못할 것이며, 견인하지도 못할 것이며, 그의 발전이 크게 이루어지지도 못할 것입니다. 우리는 은둔자 유형의 기독교인이 많은 발전을 이룩할 수 있을 것인지 알아야 합니다. 하지만, 신자가 주와 영교하는 것 외에는 모든 것을 무시하고 산에 숨어있는 은둔자처럼 될 수 있다고 생각하는 사람들이 있습니다. 하지만 그런 사람들의 영적 발전은 대체로는 피상적일 수 있음을 주목해야 합니다. 그런 신앙이 실제적 테스트나 시련에 부딪치면, 그들은 감당할 수 없습니다. 환경이 순탄해 보일 때에는 그들이 아마 계속할 것입니다. 그러나 환경이 그들에게 거스르면, 그들은 견인할 수 없습니다.

기독교인의 생활에 또 다른 한 면이 있는데, 공동적 측면입니다. 하나님의 말씀은, 공동적 입지를 떠나 아무도 독립적 기독교인이 될 수 없다고 가르칩니다. 사람이 구원 받는 순간 그는 하나님의 가족의 일원이 됩니다. 그는 자녀들의 하나입니다. 이것은 성경의 첫 번째 계시들 중 하나입니다. 거듭나는 사람은 하나님의 집에서 많은 자녀들 중의 하나가 됩니다. 그 다음 계시는, 구원 받은 모든 사람은 함께 하나님의 거주지, 곧 하나님의 집이 된다는 것입니다. 이 집은 거처가 된다는 점에서 첫 번째 집과는 다릅니다. 첫 번째 집은 집 식구, 한 가족이었습니다. 이 계시 다음에는, 모든 기독교인은 그리스도의 몸으로서 연합된다는 또 하나의 계시가 뒤따릅니다. 따라서 그들은 서로 지체들인 것입니다. 이상의 세 가지 국면을 더 자세히 살펴보기로 합시다.

1. 우리는 다른 많은 사람들과 함께 하나님의 자녀들

사람이 주를 믿고 나서 받는 생명은 다른 많은 사람들과 함께 하는, 나누는 생명입니다. 비록 신자가 다만 한 관점에서만 보더라도, 그것이 하나님의 한 식구의 관점에서든, 하나님이 거하시는 거처의 관점에서든 그가 보게 되는 그림은 그가 전체의 한 부분이라는 것입니다. 그렇다면 그가 어떻게 고립되어 살기를 바랄 수 있겠습니까? 그렇게 하면 하나님의 충만하심을 놓치게 될 것입니다. 그가 하나님과 친교를 유지하려 모색하겠지만, 만약 그가 남들과 함께 제대로 합류되지 않으면 많은 것을 놓치게 될 것입니다. 그는 가장 높고 가장 풍성한 생명의 빛을 충분히 내뿜을 수 없을 것입니다. 충만함은 오직 교회에서만 얻게 되기 때문입니다. 한 사람이 그 자신의 복지에만 관심을 갖는다는 것은 올바른 기독교인 개념이라고 할 수 없습니다. 가족 안에 있기 때문에 그는 형제들에게는 형제가 되어야 하고, 자매들에게는 자매가 되어야 합니다. 그런 관계는 하나님의 생명으로부터만 오며, 사랑으로 충만합니다. 누가 자기 형제자매들을 그리워하지 않겠습니까? 누가 그들을 보고 싶어 하지 않겠으며, 그들과 친교하려고 하지 않겠습니까? 이것은 경탄할 일인 것입니다!

생각해 보십시오. 당신이 하나님의 생명을 개인적으로 받았더라도, 당신이 받은 생명은 동시에 하나님의 무수히 많은 자녀들의 것이기도 합니다. 당신의 생명은 그 전체의 일부에 지나지 않습니다. 당신의 새 생명(삶)의 성격은 독자적인 것이 아닙니다. 그 생명(삶)은 당신이 나머지 형제들과 친교하기를 바라는 것입니다.

2. 교회는 하나님의 거처

이제는 두 번째 지점으로 향하겠습니다. 성경은, 교회가 하나님의 거처(거주지)임을 우리에게 보여줄 때 매우 놀라운 것을 계시해 줍니다. 이것이 에베소서 2장 22절에 나타나 있습니다. 에베소서의 모든 계시는 엄청난 차원을 띠고 있는데, 2장의 이 계시가 그 하나입니다. 우리는 하나님께서 그의 거주지, 땅 위에 자기의 거처를 갖고 계신 사실을 알아야 합니다. 하나님의 거처라는 성경의 사상은 장막으로 시작하여, 현재까지 그대로 계속됩니다. 과거에 하나님은 웅장한 집에, 솔로몬의 성전에 사셨습니다. 이제 하나님은 교회에 거하십니다. 오늘 교회는 하나님의 거처인 것입니다. 많은 우리가 함께 합쳐져 하나님의 거처가 되었습니다. 개인들로서는 우리가 그렇지 않습니다. 성령 안에서 하나님의 집이 되기 위해서는 하나님의 많은 자녀들이 필요합니다. 이것은 베드로전서 2장 5절의 말씀과 일치합니다. "너희도 산 돌 같이 신령한 집으로 세워지고…"

사람이 주를 믿는 즉시 그는 하나님의 거처의 돌들의 하나가 됩니다. 그는 한 돌입니다. 그러나 그가 다른 돌들과 관련되기까지 그는 쓸모가 없게 됩니다. 그것은 마치 자동차 부속품들과 같습니다. 차는 많은 부품들이 함께 연결될 때에만 달릴 수 있습니다. 그가 혼자 머물러 있으면, 무슨 소용이 있겠습니까? 그는 하나님의 부요하심을 놓치게 될 것입니다. 홀로 서 있는 산돌들이 죽은 돌들이 된다고는 우리가 감히 말할 수 없습니다. 그러나 한 돌이 살아있더라도 그것이 하나님의 거처가 되기 위해 다른 돌들과 합쳐지지 않으면 그 쓸모를 잃고 영적 부귀를 놓치게 될 것은 자명한 이치입니다. 우리가 다른 산돌들과 함께 합쳐질 때에만 하나님의 부귀를 담을 수 있습니다. 그래야만 하나님께서 우리 가운데 거하실 수 있습니다. 우리가 교회(건물이 아님)에 있지 않으면 안 된다는 확신을 우리 마음에 가져야 하는 것도 이 때문입니다.

3. 우리는 함께 그리스도의 몸이 됨

우리는 그리스도의 몸에서 하나입니다. 우리는 한 몸, 그리스도의 몸이 되었습니다. "몸이 하나요…"(엡 4:4). "몸은 하나인데 많은 지체가 있고 몸의 지체가 많으나 한 몸임과 같이 그리스도도 그러하니라"(고전 12:12). 이 말씀들은 한 사람이 독립한다는 것이 절대 불가능함을 우리에게 보여줍니다.

주는 어느 한 사람에게도 생명의 온전한 충만을 주시지 않았습니다. 우리가 받는 생명은 우리가 독립되는 것을 허용하지 않습니다. 우리의 생명은 다른 사람들의 생명에 의존하는 것입니다. 그것은 의존적 생명입니다. 나는 당신에게 의존하고, 당신은 나에게 의존합니다. 어떤 지체도 독립될 여유가 없음을 기억하십시오. 독자성은 확실한 죽음을 의미합니다. 고립은 충만함은 물론 생명을 앗아가게 됩니다.

그러므로 초신자들은 다른 신자들과 합쳐져야만 할 것을 깨닫기를 바랍니다.

기독교인은 따라서 교회에 합쳐져야 합니다. 이제 이 용어 "교회에 합쳐지다"란 말씀은 성경의 용어가 아닙니다. 세상에서 빌려온 말입니다. 그 말의 실제 뜻은 아무도 사적인 기독교인이 될 수 없다는 뜻입니다. 그는 하나님의 모든 자녀들과 합쳐져야만 합니다. 이런 까닭에, 그는 교회에 합쳐져야 합니다. 그는 자기 혼자서 신자라고 주장할 수 없습니다. 그는 다른 신자들에게 의존함으로서만 기독교인인 것입니다.

어떻게 교회에 합쳐지는가?

끝으로, 질문을 하겠습니다. 우리가 교회에 어떻게 합쳐지는가? 성경에서는 "교회에서 합쳐지다"란 어구를 찾아볼 수 없습니다. 사도행전에서도, 서신들에서도 찾을 수 없습니다. 왜 그렇습니까? 아무도 교회에 합쳐질 수 없기 때문입니다. 합친다는 것은 사람이 아직 밖에 있다는 뜻입니다. 귀가 내 몸에 합쳐지기로 결정할 수 있습니까? 없습니다. 그것이 제 몸에 있다면, 그것은 벌써 합쳐져 있는 것입니다. 만약 그것이 벌써 내 몸에 없다면, 그것은 합쳐질 방법이 없는 것입니다. 우리는 교회에 합쳐지지 않습니다. 정확히 말하면 우리는 벌써 교회 안에 있고, 그러므로 서로에게 합쳐져 있는 것입니다.

하나님의 자비로 한 사람이 자기 죄를 깨닫고, 보혈을 통해 구속받고, 용서받고, 새 생명을 받을 때, 그는 부활 생명을 통해 하나님의 능력으로 중생할 뿐만 아니라 교회 안에 놓입니다. 당신을 그 안에 넣으신 이는 하나님이십니다. 따라서 그는 벌써 교회 안에 있습니다. 그는 교회의 일원입니다. 그러므로 합쳐질 필요가 없습니다. 교회에 가입할 생각을 하는 사람들이 많습니다. 하지만 무엇이든 합쳐질 수 있는 것은 실재하는 것이 아닙니다. 사람이 교회에 가입하고 싶어 하더라도 그는 하나님의 참 교회에 가입할 수는 없습니다. 그가 성령으로 다시 태어나 주님의 것이라면, 그는 벌써 교회 안에 있으므로 교회에 가입할 필요가 없습니다.

그러므로 교회에 가입할 필요도, 그럴 가능성도 없는 것입니다. 아무도 교회에 가입함으로서 교회에 들어올 수는 없습니다. 가입하려는 욕구는 그가 아직 교회 밖에 있다는 사실을 은연 중 드러내는 것입니다. 교회는 이렇게 특별하므로, 가입될 수가 없습니다. 결정적인 요소는 그가 하나님으로부터 태어났는가? 그 여부입니다. 만약 그가 하나님께로부터 태어나지 않았으면, 가입할 길이 없는 것입니다.

그렇다면 우리는 어째서 당신에게 교회에 가입하라고 설득합니까? 논의를 위해서 이 용어를 빌려왔을 따름입니다. 주를 믿는 당신은 이미 교회 안에 있습니다. 그러나 교회의 당신의 형제나 자매들은 당신을 모를 것입니다. 당신은 믿었지만, 형제들은 그것을 모를 것입니다. 당신은 구속 받았지만, 교회는 그것을 모를 것입니다. 믿음은 마음에 있는 것이므로 다른 사람들에게는 그것이 알려져 있지 않을 것입니다. 이런 이유로 우리는 친교를 찾아야만 합니다. 바울이 예루살렘 교인들로부터 친교의 악수를 청한 것처럼 말입니다(갈 2:9). 우리는 교회로 가서 우리가 기독교인이며, 그러므로 그들이 우리를 그렇게 받아달라고 형제들에게 말해야 합니다. 사람들은 앎이 제한되어 있으므로 그들이 우리를 받도록 하기 위해 우리가 형제자매들임을 알 필요가 있습니다. 그러나 이것은 교회에 가입한다는 통념과는 다른 것입니다.

제15과
안수

암송구절: 그러므로 우리가 그리스도의 도의 초보를 버리고 죽은 행실을 회개함과 하나님께 대한 신앙과 세례들과 안수와 죽은 자의 부활과 영원한 심판에 관한 교훈의 터를 다시 닦지 말고 완전한 데로 나아갈지니라.(히 6:1,2)

"그러므로 우리가 그리스도의 도의 초보를 버리고 완전한 데로 나아갈지니라". 기독교인의 생명(삶)에는 몇 가지 근본적인 진리가 있습니다. 기초는 한 번만 놓으면 그만이지만, 그것을 견고히 놓아야만 합니다. 그리스도의 첫째가는 교리들에는 무엇이 포함됩니까? 회개, 믿음, 부활, 심판이 들어 있을 뿐만 아니라, 세례와 안수도 그렇습니다. 이 둘은 그러니까 동시에 기독교의 근본 진리입니다. 우리의 기초는 안수를 빠뜨리면 완전할 수 없을 것입니다.

안수의 의미

세례가 우리를 위해 무엇을 해주었는지를 우리는 이미 살펴본 바 있습니다. 세례는 우리가 세상에서 나오도록 부르며, 따라서 세상으로부터 우리를 구출해 줍니다. 세례는 우리를 그리스도와 동일시 해주므로 우리로 하여금 주의 부활을 함께 나눌 수 있게 해줍니다. 그러면, 안수는 우리를 위해 무엇을 해줍니까! 그 의미는 무엇입니까!

구약성경에서 우리는 안수가 이중의 의미를 지님을 봅니다. 이것이 레위기 1장과 3장과 4장에서 가장 빈번히 진술되어 있습니다. 그러므로 우리는 그 최종적 의미를 찾아보기 위해 거기를 살펴보겠습니다.

1. 동일시

레위기 1장에서 희생제물의 머리에 내 손을 얹는 것은 내가 그 희생제물과 동일시됨을 의미합니다. 내가 나 자신을 왜 하나님께 드리지 않고 그 대신 수송아지 한 마리를 제물로 드립니까? "이는 삼림의 짐승들과 뭇 산의 가축이 다 내 것이며"(시 50:10)라고 주께서 말씀하십니다. 가축이나 양을 그에게 가져오는 것이 무슨 소용이 있습니까? 하나님은 수송아지나 어린 양이 부족하시지 않습니다. 그가 원하시는 것은 그들 자신을 제물로 바칠 사람들입니다.

그러나 내가 제단 앞에 와서 나 자신을 제물로 드린다면 어떤 일이 생기겠습니까? 나는 실제로 몰록 우상을 섬긴 자들처럼 이방인들과 같은 일을 하게 될 것입니다. 구약성경에 몰록을 섬긴 사람들이 있었습니다. 가축과 양을 드리는 대신 그들은 그들의 아들딸들을 그들의 신전에 제물로 바쳤습니다. 우리의 하나님은 가축과 양만을 원하십니까? 만약 우리가 우리들 자신을 하나님께 드린다면, 우리 하나님이 몰록과 무엇이 다릅니까? 몰록은 우리의 아들딸들의 피를 요구했지만, 우리 하나님은 우리가 우리들 자신을 드리기를 요구하신다는 점에서 다르십니다. 그의 요구는 몰록의 요구보다 더욱 엄중하기조차 합니다.

하나님의 요구가 더 엄격하다는 것은 사실입니다. 그러나 하나님은 희생을 하되 불타 없어지지 않을 한 길을 우리에게 보여주십니다. 어떻게 보여주십니까? 내가 수송아지나 어린양 한 마리를 주께 가져오는 것입니다. 나는 희생 제물의 머리에 내 손을 얹습니다. 내가 귀에 들리게 기도하든, 소리 없이 기도하든 내 기도는 이와 같습니다. "이것이 저입니다. 저 자신이 제단 위에 있어야 하고, 불살라져야 합니다. 저 자신이 희생 제물이 되어야 합니다. 제가 저 자신을 당신께 참으로 기쁘게 드리려고 합니다. 제가 저 자신을 번제물로, 당신께 향기로 드려야 합니다. 주여, 제가 지금 이 수송아지를 저와 함께 가져옵니다. 그리고 그 머리에 제 손을 얹습니다. 주여, 이렇게 하여 이 수송아지가 저임을 표명합니다. 저는 이 수송아지입니다. 제사장에게 그것을 죽이도록 제가 요구할 때는 마치 제가 죽임을 당하듯 합니다. 수송아지의 피가 흐를 때에는 제 피가 흐릅니다. 제사장이 희생제물을 제단에 놓을 때에는, 그가 저를 제단 위에 놓았습니다. 제가 제 손을 그 위에 놓았으니, 제가 그렇게 놓여 졌습니다."

이런 까닭에, 안수의 첫 번째 의미는 동일시입니다. 이것이 구약성경의 그 으뜸가는 뜻입니다. 나는 그 희생제물과 동일시됩니다. 그러므로 그것은 저입니다. 오늘 그 희생제물과 저는 같은 위치에 있습니다. 그것을 하나님께 가져올 때는, 나를 하나님께로 가져 오는 것입니다.

2. 나누어 줌

구약성경의 안수에는 두 번째 의미가 있습니다. 창세기에서 이삭이 그의 두 아들에게 어떻게 안수했고, 야곱이 그의 두 손자 에브라임과 므낫세를 어떻게 안수했는지 보게 됩니다(27:27-40과 48:8-20 참조). 야곱은 그의 두 손을 손자들에게 각각 얹고 축복했습니다. 그러므로 안수는 축복을 나누어줌 입니다. 무슨 축복이든 그가 축복을 받으면, 그것이 효력을 발휘할 것입니다.

요컨대, 안수의 의미는 이중적입니다. 동일시와 나누어줌 입니다. 이 둘은 또 다른 용어인 영교란 말로 다시 요약할 수 있습니다. 영교를 통해 우리는 동일시되고, 영교를 통해 한 사람이 갖고 있는 것이 다른 사람에게로 흘러갑니다.

안수를 어떻게 받는가?

안수의 의미는 두 국면, 곧 동일시와 나누어줌 입니다. 안수의 첫째 국면은 한 사람을 그리스도의 몸에 합쳐지게 하는 것이고, 둘째 국면에서는 머리가 갖고 있는 것을 지체에게 전달해 주는 것입니다. 이것은 우리 각자가 머리의 권위에 복종함과 동시에, 몸의 한 지체가 될 것을 요구합니다. 아무도 그 혼자로서 충분하다고 말할 수 있는 사람은 없습니다. 그가 받는 새 생명은 성격상 연합적입니다. 그것은 독자성을 허용하지 않습니다. 그는 몸 안에서 삽니다. 몸 밖에 있으면 죽습니다. 이 동일시의 기초 위에서 축복이 나누어지는 것입니다.

만약 한 형제가 내게 손을 얹으면, 그것이 무의미하거나 지각없는 행동이 아닙니다. 내 눈이 열려 이후부터는 내가 많은 자녀들 중 하나일 뿐이며, 많은 세포 중 하나이며, 많은 지체들 중 한 지체(member)라는 것을 보지 않으면 안 됩니다. 나는, 이 신체에서 모든 지체가 온 몸으로 사는 것과 똑같이 이 그리스도의 몸 생명으로 살아가게 됩니다. 내가 만약 독자적으로 행동한다면, 나는 끝장에 오게 되고, 따라서 무용지물이 될 것입니다. 내가 하나님의 다른 자녀들과 친교를 중단하면, 무언가 내게 철저히 잘못된 것이 있습니다. 내가 아무리 강하더라도 나는 나 혼자로서는 온전히 존재할 수 없습니다. 내가 만약 그리스도의 몸에서 끊긴다면, 나는 영적으로 확실히 죽을 것입니다. 나는 나 자신의 힘을 자랑할 수 없습니다. 나는 몸 안에 있기 때문에 강합니다. 만약 내가 몸에서 분리된다면, 나는 전적으로 끝장납니다. 그러나 손을 얹으므로 나는 몸에 연결됩니다.

안수하는 순간에 나는 알아야 합니다. "오, 주여, 나는 나 단독으로는 살 수 없습니다. 나는 오늘 내가 몸의 한 지체에 지나지 않음을 고백해야 하나이다. 오직 몸 안에서만 제가 살 수 있고, 몸 안에서만 관유(oil)를 가질 수 있습니다."(시 133:2 참조) 그 의미가 확실합니까? 사람이 기름을 받는 것은 머리에 기름이 부어졌기 때문입니다. 사람이 머리에 복종하고, 하나님의 모든 자녀들에게 합쳐진다면, 몸 안의 한 지체로서 그의 복종은 그 위에 관유(성령)를 받게 되는 것입니다.

제16과
함께 모임

암송구절: 모이기를 폐하는 어떤 사람들의 습관과 같이 하지 말고 오직 권하여 그 날의 가까움을 볼수록 더욱 그리하자.(히 10:25)

    기독교는 성격상 개인적이 아니라 집단적이라는 점에서 특이하다는 것을 기억합시다. 기독교는 성도들이 함께 모임을 강조합니다. 대다수 종교들은 개인적 경건을 주창합니다. 하지만 기독교는 사람들이 모이도록 요청합니다. 하나님의 특별한 은혜는 신자들의 모임 위에 내립니다.
    이 때문에, 하나님의 말씀은 함께 모이기를 저버리지 말라고 명합니다. 구약성경에서조차 하나님은, 유대인들이 함께 모여야 할 것을 규정하시고 난 다음, 그들을 주의 회중이라 부르셨습니다. 그들은 회중이 되기 위하여 함께 모여야 했습니다. 따라서 구약성경에서 하나님은 벌써 그의 백성의 모임을 강조하신 것입니다. 신약

성경에서 사람들이 그의 은혜를 받기 위해서는 모여야 할 것이 훨씬 더 분명하게 됩니다. 성경의 명령은 "모이기를 폐하지 말라"고 합니다. 아무도 은혜를 놓치지 않고는 그런 모임을 저버릴 수 없습니다. 성도들과 함께 모이기를 중단하는 것은 어리석은 것입니다.

성경은 함께 모임의 수많은 계기를 기록하고 있습니다. 주께서 땅에 계시는 동안 제자들과 자주 만나셨습니다. 가끔은 그들과 개별적으로 만나셨을지라도 그들과 함께하는 모임에 더 관심을 가지셨습니다. 배에서도, 집에서도, 산 위에서도 그들과 모이셨고, 심지어 배반당하시던 날 밤에 빌린 다락방에서도 만나셨습니다. 부활하신 후에는 닫힌 문 뒤에서 그들과 만나셨습니다. 오순절에는 제자들이 다함께 모여 변함없이 기도를 계속했습니다. 다시, 사도행전 2장에서는 말씀을 받고 세례 받은 모든 사람이 "사도의 가르침을 받아 서로 교제하고 떡을 떼며 오로지 기도하기를 힘썼음"을 보게 됩니다(행2:42). 뒤에 박해받을 때에는 기도 모임이 있었던 그들 자신의 동료들에게로 갔습니다. 베드로가 감옥에서 기적으로 풀려났을 때, 그 역시 사람들이 기도를 위해 모인 한 집으로 갔습니다. 서신들 또한 신자들이 모임을 폐하지 말라고 명합니다. 고린도서신들에서는 온 교회가 함께 모이는 것에 관한 언급이 있습니다. 교회에 소속하는 사람은 아무도 그런 모임을 피해서는 안 되는 것입니다.

"교회"(더 정확히는 "모임")란 말의 뜻이 헬라어로는 무엇입니까? 에크(ek)는 "~~에서 밖으로"란 뜻이고, 클레시스는 부르심이란 뜻입니다. 에클레시아는 "불러내심을 받아 모인 자들"이란 뜻입니다. 오늘 하나님은 한 백성을 불러내셨을 뿐만 아니라, 그들이 함께 모이기를 바라십니다. 부름 받은 각자가 독자성을 유지하려고 한다면, 교회는 없을 것입니다. 이렇게 우리는 함께 모임이 중요함을 보게 되는 것입니다.

주의 임재는 모임에 계신다

더우기, 주는 두 번씩 그의 특별한 임재를 우리에게 약속해주십니다. 한 번은 마태복음 18장에서 이고, 또 한 번 28장에서입니다. 28장의 "볼지어다 내가 세상 끝 날까지 너희와 항상 함께 있으리라"는 말씀은 그리스도를 위한 증언과 관계되고, 18장의 "두 세 사람이 내 이름으로 모인 곳에는 나도 그들 중에 있느니라"는 말씀은 그의 이름으로 모임과 관련됩니다. 그의 임재에 대한 이 두 약속은 우리 각자에 대한 개인적 주의 임재와는 다릅니다. 그의 임재를 개인적으로만 아는 사람들이 많습니다. 그러나 그런 앎은 충분하지 않습니다. 그의 가장 강력하고 압도적인 임재는 오직 모임에서만 알려집니다. 당신에게 그의 개인적 임재가 있을지라도 그것은 반드시 작은 정도임에 틀림없습니다. 오직 형제자매들과 함께 모임에서만 당신이 전에 경험하지 못한 규모로 그의 임재를 경험하게 됩니다. 그러므로 모임들에서 이 임재를 아는 법을 배우십시오. 그것은 다른 방도로는 얻을 수 없는 엄청난 은혜입니다.

하나님의 자녀들의 모임은 얼마나 놀라운 것입니까! 우리는 그리스도의 몸이 어떻게 작용하는지는 모릅니다. 그러나 그 기능은 우리가 알고 있습니다. 한 형제가 일어날 적에 당신은 빛을 봅니다. 다른 형제가 일어날 적에 당신은 주의 임재를 느낍니다. 또 다른 형제가 입을 열어 기도합니다. 그러면 당신은 하나님을 접촉하게 됩니다. 하지만 또 다른 사람이 몇 마디 말을 하면, 당신은 생명을 공급 받습니다. 그리스도의 몸이 어떻게 함께 작용하는지는 우리가 설명할 수 없는 그 무엇입니다. 주가 다시 돌아오시고 우리가 그 앞에 설 때까지 우리는 이해하지 못하게 될 것입니다.

어떻게 모여야 하는가?

우리는 어떻게 모여야 합니까? 성경에 기본 원칙이 이렇게 설정되었습니다. 모든 모임은 주의 이름으로 모여야 합니다. 그 뜻은 단순히 우리가 주의 권위 아래에 모이고 그를 중심해 있다는 것입니다. 함께 모임의 목적은 주와 함께 만난다는 것입니다. 우리가 주에게 이끌리기 때문입니다. 우리는 어떤 형제자매들만을 보기 위해 모임에 가지 않음을 확실히 합시다. 우리는 모임에 이끌리는 것이지 형제들에게가 아닙니다. 주가 중심이십니다. 우리는 다른 많은 형제자매들과 함께 나란히 주 앞에 나타나기 위해 갑니다.

우리가 주의 이름으로 모이는 것은 어째서입니까? 신체적인 의미로 말하면, 주가 여기에 계시지 않기 때문입니다. 만약 그가 신체적으로 임재해 계시면 그의 이름이 그렇게 두드러지지 않을 것입니다. 그가 몸으로 계시지 않기 때문에 그의 이름이 더욱 눈에 뜨이는 것입니다. 오늘 우리 주는 신체적으로는 하늘에 계시지만, 그가 한 이름을 땅에 남기셨습니다. 그러므로 오늘 우리는 그에게 가까이 가기 위해 그의 이름으로 모입니다. 우리가 함께 모이면, 그가 우리 가운데 계실 것이라고, 즉 그의 영이 우리 모임 가운데 계실 것이라고 우리에게 약속해 주십니다.

모일 때 우리는 한 설교자의 말을 들으러 가지 않고, 오히려 주를 만나러 갑니다. 이것이 우리 안에 굳게 세워야 할 개념입니다. 어떤 사람의 말을 듣기 위해서 간다면 우리는 우리 주님의 이름이 아니라 이 사람의 이름으로 모이는 것이 아닙니까? 신문에 설교자들의 이름을 광고 내는 사람들이 많습니다. 알지 못하는 사이에 그들은 이 사람들 주변에 사람들이 모이도록 요청하고 있는 것입니다.

주는 하늘에 계실지라도, 아직 우리들 가운에 계십니다. 그의 이름이 우리들 가운데 있고, 그의 영도 그러하시기 때문입니다. 성령은 우리 주님의 이름의 관리자(Custodian)이십니다. 그는 주의 이름을 보호하시고 보살피도록 보내심 받으셨습니다. 그가 여기 계신 것은 그 이름을 모든 이름 위에 높이기 위함에서 입니다. 그러므로 우리는 주의 이름으로 모이지 않으면 안 됩니다.

한 모임을 지배하는 또 한 가지 원칙은 하나님의 백성들을 세움(edifying) 또는 강화시킴 입니다. 고린도전서 "14장에 의하면, 이것이 모든 모임에서 보이는 한 가지 목적입니다. 우리들만 아니라 다른 사람들이 강화되기 위해서(덕을 세우기)입니다. 바울은 방언하는 사람은 자기를 강화시키지만, 남들이 도움을 받기 위해서는 통역이 필요하다고 설명합니다. 만약 통역이 없으면, 방언하는 사람은 교회에서 잠잠해야 합니다. 환언하면, 방언으로 말함의 원칙은 자기를 강화시킴을 위한 것이고, 남들을 강화시킴이 아닙니다. 반면에 통역은 한 사람이 갖고 있는 것을 남들의 덕을 세우기 위해 남들에게 나누어 주는 것입니다. 자기만을 세우고, 남들을 세우지 않는 것은 모임에서 표현되어서는 안 됩니다.

그러므로, 모임에 올 때 우리는 남들이 강화될 것인가 그 여부를 생각할 필요가 있습니다. 질문을 하는 것조차 단순히 우리의 개인적 유익을 위한 것이 아닙니다. 내가 무엇을 하든, 나는 모임을 돕고 있는가 아니면 손상시키고 있는가? 개인주의가 가장 많이 나타나는 곳은 모임에서 입니다. 어떤 사람들은 자기네 자신들만을 생각합니다. 그들이 부르고 싶어 하는 찬송을 갖고 있으면, 그 찬송곡을 부르기 위해 최선을 다합니다. 그러면 그들 자신은 강화되었을지 모릅니다. 그러나 모임에 도움이 되었습니까?

끝으로, 모이는 사람들은 모두 한 가지 목적을 가져야 한다는 말을 되풀이 하고 싶습니다. 서로의 강화(덕을 세우기)입니다. 자기 혼자만의 강화가 아닙니다. 나는 남들에게 지장을 줄 일을 삼가야 합니다. 만약 나의 침묵이 남들에게 지장이 된다면 나는 말을 할 것입니다. 모든 일들에서 나는 남들을 강화시키기를 배우지 않으면 안 됩니다.

제17과
각종 집회

암송 구절: 그들이 사도의 가르침을 받아 서로 교제하고 떡을 떼며 오로지 기도하기를 힘쓰니라.(행 2:42)

앞장에서 우리는 함께 모임의 원칙을 진술했습니다. 이제는 그 실제로 돌아가 보겠습니다. 내가 개인적으로 볼 수 있는 것으로부터 살펴볼 때 성경에는 다섯 가지 다른 유형의 모임이 있습니다. 전도 모임, 떡을 떼는 모임, 기도 모임, 은사 발휘나 친교 모임, 봉사나 설교 모임입니다. 우리는 성경에서 이 모든 것의 실례를 볼 수 있습니다. 따라서 신약성경의 사도들 시대에 최소한 이상의 다섯 가지 유형의 모임이 있었음을 우리는 압니다. 오늘의 교회가 하나님 앞에 강하려면 교회는 이 모든 각종 모임을 가질 필요가 있습니다. 형제자매들이 주 안에서 성장하도록 도우려면 어떻게 모이는지를 알지 않으면 안 됩니다.

전도 모임

이것은 복음서는 물론 사도행전의 제 1유형의 모임입니다. 초대 교회의 역사로부터 판단해보면 전도 집회는 모든 교회 모임들 중 가장 기본적입니다.

전도 집회가 점점 그 두드러짐을 잃고, 봉사 모임이 그 주도적 역할을 떠맡게 된 것은 교회가 3,4세기 동안 퇴보, 변절된 이후부터였습니다. 설교에 귀 기울임의 유행이 이렇게 약화된 교회 상태를 가져왔습니다. 초대 교회에서는 설교에 귀 기울임 보다 오히려 복음 전파가 첫 자리를 차지했습니다. 오늘의 뒤바뀐 상황은 교회의 실패와 쇠퇴의 한 가지 증거인 셈입니다. 강한 교회를 가지려면 복음 전파가 모든 집회 중 가장 기본이 되는 그 애초의 자리에로 회복되어야 합니다.

사람들이 주를 믿자마자 그들은 즉시 복음 전파를 돕는 일에서부터 시작해야 합니다. 그들이 설교에 귀 기울이는 습관을 발전시키게 하지 마십시오. 그 대신 그들로 하여금 복음을 전파함으로서 섬기는 습관을 계발하도록 도와주십시오.

그리스도의 몸으로서 오라

형제자매들이 전도 집회에 참석하도록 권면, 격려하십시오. 형제자매들로 하여금 그들이 벌써 구원받았기 때문에 참석할 필요가 없다고 생각하지 않게 하십시오. 당신이 구원받은 것은 사실입니다. 그러나 전도 집회에서 당신이 할 일이 있습니다. 수동적으로 오지 말고 일하기 위해 오십시오. 아무도 전도 모임에 무관심하지 않게 하십시오. 문제는 당신이 복음을 아는지 모르는지 그 여부에 있지 않습니다. 당신이 모든 집회의 본질을 알아야 하는 것은 사실입니다. 그러나 당신 자신이 그 집회의 한 부분을 담당함으로서 당신이 도움이 될 수 있기 위해 전도 집회에 오십시오.

성만찬 모임

다음으로 중요한 모임은 떡을 떼는 모임입니다.

성찬상과 떡을 뗌

하나님 말씀에 의하면, 떡을 떼는 모임은 두 다른 국면이 있습니다. 하나는 주의 식탁이고, 또 하나는 만찬입니다. 고린도전서 10장은 주의 식탁을 언급하고, 11장은 주의 만찬을 가리킵니다. 그러나 우리는 11장에서 시작하여 이 둘의 순서를 뒤바꾸어서 고찰하고 싶습니다. 주의 만찬에서 떡은 주의 몸이며, 주의 신체적 몸에 언급하고 있습니다. 우리 죄를 용서하기 위해 주신 이 몸에 참여함으로서 우리는 이처럼 생명을 받을 수 있습니다. 그러므로 주의 만찬의 기본 사상은 주를 기억한다는 것입니다. 주의 만찬의 의미는, 주가 우리 죄를 용서 받도록 하기 위해 그의 피를 어떻게 흘리셨는지를 기억하는데 있습니다.

그러나 고린도전서 10장은 다른 국면을 다룹니다. 떡을 떼는 것을 주의 식탁이라 부릅니다. "많은 우리가… 다 한 떡에 참여 함이라"(17절). 고린도전서 11장의 떡은 주의 신체적 몸이지만 고린도전서 10장에서의 떡은 우리입니다. 많은 우리가 한 떡입니다. 환언하면, 주의 식탁은 하나님의 자녀들의 영교 또는 친교를 강조합니다. 11장은 주를 기념함을 강조하고, 10장은 하나님의 자녀들의 친교를 강조합니다.

이런 까닭에, 우리는 두 가지 의미를 갖습니다. 하나는 직접적이어서 우리의 초점이 주를 기념하며 하늘을 향하고 있습니다. 또 다른 것은 서로와의 친교를 갖는 데에, 즉 식탁의 떡에 초점이 맞춰져 있습니다. 우리 모두는 이 떡의 부분에 참여합니다. 우리 모두는 이 한 떡의 백성들입니다. 당신은 이 떡에 속해 있고, 나도 그렇습니다. 당신은 구주를 영접했습니다. 나도 그렇습니다. 그러므로 우리는 주 안의 친교를 가져야 합니다. 떡을 뗄 적에 우리는 주와 함께 그리고 하나님의 모든 자녀들과 함께 친교하기 위해 주 앞에 옵니다.

기도 모임

기도 모임 역시 중요한 모임입니다. 각종 모임은 그것들 나름의 특별한 특징이 있습니다. 하나님께서 우리가 땅 위에서 유지하게 하시려는 증언은 복음을 전하며, 떡을 떼며, 함께 기도함으로서 연대적으로 성취하기 위한 것입니다. 기도 모임은 어렵고도 쉬울 수 있습니다. 새 신자들은 이런 종류의 모임에 대해 배울 필요가 있습니다.

다 함께

형제자매들이 함께 기도하는데 있어서 한 가지 근본적 필수요건은 다 함께 해야 한다는 것입니다. 주는 마태복음 18장에서 우리가 땅에서 일치되지 않으면 안 된다고 하십니다. 오순절 전과 오순절에 백 이십 명이 다 같이 한 곳에 모여 기도했습니다(행 4:1-2). 그러므로 기도 모임의 첫째 조건은 한 마음 한 뜻이 되는 것에 있습니다. 각 사람이 자기 나름의 뜻을 갖고 있다면 어떻게 기도를 위해 모일 수 있겠습니까? 마태복음의 "합심하여"란 말씀은 매우 중요합니다. 주님은 "너희 중에 두 사람이 땅에서 합심하여 무엇이든지 구하면 하늘에 계신 내 아버지께서 그들을 위하여 이루게 하시리라…"(19절)고 약속하십니다. 이 헬라어 단어는 음악에서 하모니를 나타내기 위해 사용되었습니다. 어떤 사람이 혼자 연주하고 있다면 문제가 없습니다. 그러나 세 사람이 함께 연주할 때 한 사람은 피아노, 또 한 사람은 바이올린, 다른 또 한 사람은 플루트를 연주하는데 그들 중 한 사람의 가락이 맞지 않으면 결과는 불협화음이 될 것입니다. 이처럼 기도하는 사람들은 불협화음이 되어서는 안 됩니다. 우리가 서로 일치할 수 있으면 하나님은 우리가 무엇을 구하든 들어주실 것입니다. 우리가 땅에서 매면 하늘에서도 매일 것이며, 우리가 땅에서 풀면 하늘에서도 풀릴 것입니다(마 18:18 참조). 기본 조건은 조화입니다. 그러므로 우리 각자가 자기의 소원에 따라 기도하지 말고 화합하는 법을 배웁시다.

은사 발휘의 모임

각 지교회에서 발견되는 은사들은 각기 서로 다릅니다. 하나님은 어떤 지교회에는 예언과 가르침의 은사는 물론 계시의 말씀을 주십니다. 또 어떤 교회들에는 방언의 은사와 방언 통역의 은사를 더하실 수 있습니다. 또 어떤 지역들에서는 그가 어떤 기적적 은사도 주심 없이 그냥 가르침의 은사만을 주실 수도 있고, 또는 그와는 정반대로 말씀의 은사는 없이 기적적 은사들만 있는 곳도 있습니다. 하나님께서 그의 교회에서 무슨 일을 행하시든 간에 우리는 그를 지시할 수 없습니다. 그러나 우리는 그런 모임들의 원칙을 알고는 있습니다. 즉 하나님은 그의 자녀들이 그들의 은사들을 발휘하기를 바라시는 것입니다.

우리가 갖고 있지 못한 은사를 사용할 수는 없으나 우리가 소유하고 있는 은사들을 우리가 사용할 수 있는 것은 분명합니다. 이런 까닭에, 어떤 지교회도 이 은사 사용 문제에서 타지교회를 모방할 수 없습니다. 각 교회는 그 지교회 형제자매들이 무슨 은사를 갖고 있든 그것을 하나님 앞에서 사용해야만 합니다. 우리가 여기서 서술하고 있는 것은 고린도전서 14장의 원칙에 따른 것입니다.

새 신자들이 알아야 할 것 하나는, 은사 사용을 위한 집회에서 모두가 말해서는 안 된다는 것입니다. 오직 은사를 갖고 있는 사람들만 말할 수 있습니다. 우리는 한 사람만의 (말씀 전파 같은) 사역을 시인하지 않으며, 모든 사람의 사역도 마찬가지입니다. 하나님은 일인 사역과 모든 사람의 사역을 잘못된 것으로 판단하십니다. 오직 은사 받은 사람만이 말씀을 공급해야 하며, 모두가 말할 수는 없는 것입니다. 오늘 어려움이 어디에 있습니까? 문제는 사역하는 형제들이, 사역은 모든 형제에게 열려 있다는 태도를 취하지만, 실제로는 모든 형제자매에게가 아니라 사역의 은사를 받은 형제들에게만 열려 있다는 것입니다. 입의 은사를 받은 사람들이 손과 발과 귀가 말해줄 것을 기대하며 말하기를 거부한다는 것입니다! 그런 집회에서는 혼란 이외에 무엇을 기대할 수 있겠습니까? 그러므로 은사를 받은 모든 형제들은 모임에서 그들의 입을 열어야 합니다. 나머지에 대해서는, 말할 가치가 있는 것을 갖고 있을 때에만 그들로 하여금 말하게 합시다.

사역의 모임

이것은 모임 중 가장 덜 중요한 것입니다. 그러나 이것도 하나님의 확립된 질서의 한 부분이므로 등한히 되어서는 안 됩니다. 이런 모임을 통해서 우리는 하나님의 말씀의 공급을 받을 수 있을 것입니다. 한 사도가 우리에게 오거나, 일부 교사들과 선지자들이 우리와 함께 거할 때 우리는 말씀을 들을 기회가 있을 것입니다. 나는 이것이 중요한 모임이라고 암시하지 않고, 다만 가장 단순한 것이라고 말할 따름입니다. 그렇지만, 이 모임에서 배워야 할 내용들이 있는 것입니다. 사람들이 올 때에, 그들은 남들이 기다리도록 하지 않기 위해 시간을 지키는 법을 배워야 합니다. 그들은 안내자들의 지시를 따라야지, 그들 자신의 자리를 취사선택할 것을 고집해서는 안 됩니다. 동시에 그들의 성경을 가지고 와야 합니다.

마음이 열리게 하자

각종 집회에 참석할 때, 영적인 면에서 맨 처음 준비해야 할 것은, 마음이 열려있어야만 한다는 것입니다. 편견을 가지고 귀를 기울이는 사람은 아무 것도 얻지 못할 것입니다. 마음이 닫혀 있는 사람은 하나님으로부터 아무런 축복을 받지 못할 것입니다. 그리고 아무도 남을 비판하기 위해 거기에 앉아있게 하지는 맙시다. 하나님이 축복하실 사람은 듣는 사람이지, 비평가가 아닙니다. 메시지가 잘 전달되거나 그렇지 않은 여부는 반은 설교자에게, 나머지 반은 청중에게 좌우된다고 나는 자주 말합니다. 닫혀있는 가슴, 꽉 닫혀 있는 마음 또는 비평적 태도에 마주치면, 어떤 설교자도 모임을 이끌어 갈 수 없습니다.

제18과
주의 날

암송 구절: 이 날은 여호와께서 정하신 것이라 이 날에 우리가 즐거워하고 기뻐하리로다. (시 118:24)

하나님의 창조와 안식

하나님은 각 일을 저녁과 아침으로 정하셨습니다. 하나님은 땅을 6일에 창조하셨고, 제 7일에 안식하셨습니다. 2500년 후 하나님은 10계명을 주셨고 그 한 계명에서 사람들에게 안식일을 기억하라고 하셨습니다. 다른 계명들은 모두 "할지니라", "하지 말지니라"입니다. 다만 제 4계명만 하나님의 일을 기억하라고 합니다. 환언하면, 이 기억은 뒤로 세계 창조를 가리킵니다. 그것은 하나님이 어떻게 세계를 6일에 창조하셨고, 제 7일에 어떻게 안식하셨는지를 상기시킵니다. 그러므로 제 7일은 하나님의 안식일입니다. 창조로부터 2000년 이상이 지난 후 하나님은 그들이 그날에 안식해야 한다는 요구와 함께 사람들에게 안식일을 주셨습니다.

하나님께서 처음으로 제 7일을 안식일로 사람들에게 주셨을 때, 하나님은 그들이 신체적으로 쉬기를 바라셨습니다. 하나님 자신이 제 7일에 안식하시고 모든 수고를 그치셨으므로 사람 역시 6일 동안 일하고 제 7일에는 쉬기를 바라셨습니다. 안식일은 애초에는 하나님의 안식의 날이었지만 그가 이날을 사람들에게, 특히 이스라엘 백성들에게 주셨는데, 그들 역시 모든 일을 중단하고 안식하기 위해서입니다. 안식일에 안식한다는 사상은 구약성경에 아주 분명한 것입니다.

신약성경의 안식일

신약성경 시대에 오자, 상황은 조금 변했습니다. 안식일이 신약성경에는 더 적극적으로 된 것 같아 보입니다. 구약성경에서는 어떤 일도 하지 않는 것을 강조했던 반면, 신약성경에서는 주 예수께서 안식일 날 회당에서 율법과 선지서들을 읽으셨습니다. 애초에는 신체적 휴식을 위한 것이었는데 신약시대에 와서는 영적 추구를 위한 날이 되었던 것입니다. 이런 요소는 구약성경에서는 발견되지 않습니다. 그러므로 신약성경에서는 발전이 있었습니다. 즉 신체적 안식에 더하여 율법과 선지자들에 대한 경청이 첨가됐던 것입니다. 하나님을 위해 7일 중 하루를 구별하는 원칙이 함축된 것입니다.

신약성경에서 안식일이 더 적극적인 것으로 변화된 것을 보면 놀랍습니다. 안식일에 사람들은 회당에 출석하며 율법과 선지자들에게 귀를 기울였습니다. 주 예수께서 안식일에 회당에서 설교하셨습니다. 바울 자신을 포함해서 사도들은 안식일에 역시 회당에서 설교했고, 설명했습니다. 안식일은 안식의 날이 되었을 뿐만 아니라, 적극적 활용의 날이 되었던 것입니다. 이제는 영적인 면이 특별히 강조된 것입니다.

신약성경의 주의 날

그러나 새 언약은 안식일에 근거하지 않고, 매 7일 중에서 한 날을 정해서 그 나름의 한 날을 갖게 됐습니다. 안식일이 변해서 주의 날이 된 것이 아니라, 전혀 다른 한 날이 선택된 것입니다. 옛 언약 아래에서 하나님은 일곱째 날을 선택하셨으나 새 언약에서 하나님은 그 주의 첫째 날을 선택하셨습니다.

주의 날을 위한 성경의 기초

우리는 다음 문구들이 매우 중요하다고 생각합니다. "건축자가 버린 돌이 집 모퉁이의 머릿돌이 되었나니 이는 여호와께서 행하신 것이요 우리 눈에 기이한 바로라 이 날은 여호와께서 정하신 것이라 이 날에 우리가 즐거워하고 기뻐하리로다".(시 118:22-24)

"너희와 모든 이스라엘 백성들은 알라 너희가 십자가에 못 박고 하나님이 죽은자 가운데서 살리신 나사렛 예수 그리스도의 이름으로 이 사람이 건강하게 되어 너희 앞에 섰느니라 이 예수는 너희 건축자들의 머릿돌이 되었느니라."(행 4:10-11)

여기에 "건축자가 버린 돌"이란 어구가 있습니다. 돌이 쓸만한지 아닌지를 누가 결정합니까? 건축자들입니다. 어떤 돌은 집을 건축하는데 적당하지 않은데, 일단 석수가 말하면 당신은 다른 누구에게도 물어볼 필요가 없습니다. 건축자의 결정이 최종적입니다. 그러나 이상한 일이 생겼습니다. 건축자들이 버린 돌이 모퉁이의 머릿돌이 되었습니다. 하나님은 가장 중요한 책임을 머릿돌 위에 놓으셨습니다. 건축자들이 소용없다고 생각한 것을 하나님은 중요한 머릿돌이 되게 하셨습니다. 이것이 주님의 하시는 일입니다. 그것은 우리 눈에 기이한 것입니다. 그것은 참로 경이로운 것입니다. 그러나 24절에 주의 날과 관련하여 한 가지 놀라움을 추가하십니다. "이 날은 여호와께서 정하신 것이라 이 날에 우리가 즐거워하고 기뻐하리로다." 주께서 정하신 날은 건축자들이 버린 돌이 모퉁이의 머릿돌이 된 날입니다.

이 날은 우리가 기뻐하고 즐거워 할 날입니다. 모두가 하나님을 경외하고 그의 임재를 기뻐합니다. 그러면 건축자들이 버린 돌이 모퉁이의 머릿돌이 됐을 때 그 날이 무슨 날인지를 찾아봅시다. 이것을 우리는 사도행전 4장 10-11절에서 보게 됩니다. 10절에서는 "너희가 십자가에 못 박고 하나님이 죽은 자 가운데서 살리신"이라고 하고, 11절에서는 이렇게 계속됩니다. "이 예수는 너희 건축자들의 버린 돌로서 집 모퉁이의 머릿돌이 되었느니라." 환언하면,

이 날은 주 예수님의 부활의 날입니다. 사람들에게 버림받으신 그가 죽은 자 가운데서 살아나심 받을 날을 결정하신 것은 하나님이십니다. 이 점에 혼란이 없어야 합니다. 성경은 이 날이 주께서 만드신 날임을 매우 확실히 하고 있습니다. 이 날이 무슨 날입니까? 부활하신 날입니다. 그러므로 하나님의 모든 자녀들은 하나님의 이름으로 이 날에 모여 기뻐합시다.

신약성경의 주의 날과 구약성경의 안식일의 차이를 보십니까? 후자(구약성경)는 "하지 말찌니라."와 죽음의 형벌의 위협으로 가득하여 부정적입니다. 그러나 전자는 큰 기쁨의 날입니다.

주의 날에 행해야 할 일

주 첫째 날과 관련해서 세 가지가 성경에서 특별한 주목을 끕니다.

첫째로, 기뻐하라—이것이 적절한 태도이다

첫째는 우리의 태도와 관계됩니다. 방금 우리가 읽은 것 같이 하나님의 모든 자녀는 주 첫날에 기뻐하고 즐거워해야 합니다. 이 날은 우리 주께서 죽은 자 가운데서 부활하신 날이기 때문입니다. 베드로와 다른 사도들에게 기뻐하라고 말할 필요가 없었습니다. 그들의 주가 무덤에 누워 계셨을 동안 그들은 큰 실망과 슬픔을 경험했습니다. 그런 다음 무덤이 텅 빈 것을 알았던 것입니다! 그들은 기뻐하고 즐거워하지 않을 수 없었습니다.

둘째로, 떡을 떼러 모이라

"그 주간의 첫 날에 우리가 떡을 떼려 하여 모였더니"(행 21:7 전반). 여기의 문장 구조를 주목해 보십시오. 두 번째 절(clause)은 앞의 어구와 동격이므로, 주 첫날은 그들이 떡을 떼러 모인 날이라는 뜻입니다. 이것은 주중의 어느 특정한 날을 가리키지 않고 그냥 주의 모든 첫날을 언급하는 것입니다. 그러므로 이것은 당연히 모든 교회가 주를 기념하며 떡을 떼러 모이는 날이 된 것입니다. 매주 첫 날 보다 더 훌륭한 날이 어느 날이겠습니까?

셋째로, 드리라

"성도를 위하는 연보에 관하여는 내가 갈라디아 교회들에게 명한 것 같이 너희도 그렇게 하라 매주 첫날에 너희 각 사람이 수입에 따라 모아 두어서 내가 갈 때에 연보를 하지 않게 하라"(고전 16:1-2). 여기서 우리는, 그 주 첫째 날에 행해야 할 두 번째 일을 보게 됩니다. 바울은 여기서 그가 전에 갈라디아 교회들에게 주었던 명령을 아가야 교회들에게도 되풀이 하고 있습니다. 각 주의 날에 행해야 할 것이 있었습니다. 사도시대에 주 첫째 날은 특별한 날이었음이 아주 분명합니다.

바울이 유대인들을 찾고 싶으면, 안식일에 찾으면 되었습니다. 이것은 아가야와 갈라디아 교회에만 그러했을 뿐만 아니라, 모든 교회에도 그러했습니다. 주 첫째 날은 기독교인들에게 매우 특별한 날이었던 것입니다. 그 날에 주께서 우리에게 번영을 주심에 따라 그가 주신대로 우리는 드립니다. 이렇게 드림이 한 달에 한 번이 아니라 매주에 한번 드려야 한다는 것이 놀랍지 않습니까? 월말까지 기다리는 사람들이 많고, 어떤 사람들은 심지어 연말까지 기다립니다. 그러나 바울은 매주 첫째 날에 하나님 앞에 대차를 결산해야만 한다고 말씀합니다. 우리는 하나님께서 매 주마다 우리에게 번영을 주신대로 주께 바칠 돈을 떼어 두어야 합니다.

제19과
찬양 드리기

암송 구절: 그리스도의 말씀이 너희 속에 풍성히 거하여 모든 지혜로 피차 가르치며 권면하고 시와 찬송과 신령한 노래를 부르며 감사하는 마음으로 하나님을 찬양하고.(골 3:16)

찬양의 의미

이제는 찬송 부르는 문제를 고찰해 보려고 합니다. 우리는 새 신자들에게 찬송 부르는 법을 가르칠 필요가 있습니다. 기도가 자주 등한히 되곤 하는데, 아마 찬송 부르기는 더욱 그럴 것 같습니다.

1. 찬송시를 알도록 힘쓰라

우리의 의도가 형제자매들을 음악가로 만들려고 하는 것은 아닙니다. 그렇게 하면 순전히 세속적인 것이 될 것입니다. 하지만 우리가 원하는 것은 그들이 부르는 찬송시를 알아야 한다는 것입니다. 이것이 매우 중요하다고 생각합니다. 모임에서 가장 크게 부르는 사람들은 그들의 마음이 가장 적게 감동된 사람들일 경우가 너무 많습니다. 우리의 목적은 훌륭한 음성이나 훌륭한 음악가를 만드는데 있지 않습니다. 우리가 하나님 앞에 올바로 인식하고 싶은 것은 찬송 시 자체입니다.

2. 섬세한 느낌을 계발하라

성경에서 선지서와 역사와 교리와 계명과 함께 찬송시도 있음을 보게 됩니다. 성경에 이 찬송 시들이 있는 한 가지 기본 이유는, 하나님의 백성으로 하여금 더 훌륭하고, 더 섬세한 느낌을 계발하기 위함이라고 나는 믿고 있습니다.

시나 찬송시는 사람의 가장 섬세한 느낌을 보여줍니다. 우리가 기도에서 나타내는 감정이 찬송시에 표현된 섬세함을 능가할 수는 없습니다. 하나님은 우리가 섬세한 느낌을 갖도록 할 작정이십니다. 이런 까닭에 하나님은 성경에 온갖 종류의 시를 풍성히 주시고 있습니다. 우리는 시편과 아가서와 애가뿐만 아니라 역사 부분과 계명과 뒤섞인 다른 시들도 갖고 있습니다. 교리로 가득한 바울 서신에서조차 그는 무의식적으로 얼마큼의 시를 흩뜨려 놓았습니다.

한 가지 놀라운 것은 한 사람이 기독교인 된지 오래될수록, 그가 하나님 앞에서 배우면 배울수록, 그의 느낌은 더 부드럽고 섬세해

진다는 것입니다. 반대로, 하나님의 처리를 적게 받고, 적게 배울수록 그는 거칠고 비시적(unpoetic)으로 된다는 것입니다.

3. 하나님께 향기를

나는 전에도 이 은유를 사용한 적이 있습니다. 성경에서 향기는 하나님께 가끔은 기도를, 또 가끔은 찬송시를 나타냅니다. 향내는 나무에서 옵니다. 그것은 나무의 수액이나 액즙이나 송진입니다. 바로 나무의 생명의 추출액입니다. 향기로 만들어져 하나님 앞에 태워질 때 그것은 가장 섬세한 향기를 풍깁니다. 그것은 나무나 껍질이나 잎을 태우는 것이 아니라, 스며 나온 액즙이나 수액입니다. 그것은 속에서 흘러나와 하나님께 찬송의 시가 되는 그 무엇인 것입니다.

찬송 시의 세 가지 기본 필요조건

찬송시 또는 시란 무엇입니까? 우리가 성경에서 읽은 바에 의하면, 적절한 찬송시 또는 시는 세 가지 기본 필수요건을 갖추지 않으면 안 됩니다. 이 셋의 어느 하나라도 부족하면 찬송시로 사용될 수 없습니다.

1. 건실한 진리

사용할만한 찬송시를 위한 첫째 기준은 건실한 진리성입니다.

다른 영역들에서는 건실한 찬송들이 많지만, 거기에 만약 진리상의 오류가 있다면 그것들은 하나님의 자녀들을 잘못된 감상으로 이끌어갈 것입니다. 사람들이 (인간의) 오류로 채워져 있으면 그들은 하나님께 접근하기가 극히 어렵게 됩니다. 찬송 부르기에서 우리의 섬세한 느낌이 하나님을 향해 올라가게 해야만 합니다. 진리 안에 어떤 오류가 있다면 우리는 자신들을 속이게 되고, 따라서 실상을 접촉하는데 실패하게 되는 것입니다. 하나님은 우리가 부르는 찬송시에 따라 우리로 하여금 하나님을 대하게 하시지 않습니다. 하나님은 우리가 붙들고 있는 진리에 일치해서만 우리가 그를 대하게 하시는 것입니다. 환언하면, 우리는 진리로만 하나님께 가까이 갈 수 있습니다. 진리로 말미암지 않는 것들은 받아들여질 수 없습니다.

2. 시적 형식과 구조

무릇 모든 좋은 찬송시는 시적 형식과 구조를 갖추어야만 합니다. 찬송 시는 시적인 것을 전제로 합니다. 진리성이 정확하지만 형식이 시적이 아니면 그것은 좋은 찬송 시로 생각될 수 없습니다. 하지만 건전한 진리만이 찬송 시가 되는 것은 아닙니다. 시적 형식과 구조로 되어야만 하는 것입니다.

성경의 시편 중 조잡한 것은 하나도 없습니다. 모든 것이 더할 나위 없이 훌륭하고 섬세합니다. 각 시편은 시적 형식과 구조로 쓰여 졌습니다. 하나님의 생각이 시적 언어로 표현되었습니다.

찬송시를 쓸 적에 중요한 것은 운율(meter)만이 아닙니다. 노래 전체가 시적으로 구성되지 않으면 안 됩니다.

3. 실상에 접하다

　찬송시는 건실한 진리를 요청합니다. 시적 형식과 구조와 동시에 영적 접촉도 요청하는 것입니다.
　이를테면, 다윗의 회개를 말해주는 시 51편을 예로 들어봅시다. 진리가 걸맞고, 시적으로 구성되었습니다. 낱말들이 복잡하게 설계되어 있고 갑작스럽거나 간략한 어조가 없습니다. 이 시편을 읽을 적에 당신은 다윗의 회개를 감지하게 되지만, 당신이 그것을 결코 교리로 다루지는 않게 되는 것입니다. 영적 실상을 접하게 되기 때문입니다. 이런 까닭에, 이 시는 당신으로부터 영적 느낌을 끌어내게 되는 것입니다. 이것을 우리는 이 시편의 부담(또는 짐)이라고 부르는 것입니다. 다윗은 회개하고 있고, 따라서 이렇게 깊은 회개의 느낌이 시 전체에 스며 있는 것입니다.
　환언하면, 찬송시는 당신의 정서를 깊이 접촉할 수 있어야만 합니다. 그것은 내용에 따라 당신이 울거나 기뻐하게 할 수 있습니다. 그것이 시적으로 구성되어 있더라도 사람들이 울거나 기뻐하도록 움직이는 힘이 없으면 안 됩니다. 시적 정감은 찬송시에 필수불가결한데, 사람이 감지하지 않을 수 없는 느낌인 것입니다. 당신이 회개에 관한 찬송시를 노래하면서 어떻게 동시에 웃거나 찬양의 시를 노래하거나, 기분이 들떠 있을 수 있겠습니까?

찬송시의 세 가지 유형

성경에는 세 가지 다른 유형의 찬송시가 있습니다.

1. 하나님을 향한 찬송시

찬송시의 주된 목적은 하나님을 찬양하기 위한 것이어야 합니다. 이런 까닭에 구약성경의 시편의 대부분은 이런 성격으로 되어 있습니다. 실제로 대다수 찬송은 하나님을 향한 것이어야 합니다.

2. 사람을 향한 찬송시

잠언 역시 시적 글입니다. 그러나 그것은 다른 유형입니다. 그것은 사람들을 향한 것입니다. 그러나 기독교인들 가운데 그런 찬송시는 수가 제한되어 있습니다. 사람을 향한 것도 얼만큼 있지만 시편의 거의 대부분은 하나님을 향한 것입니다. 대체로 말해서, 찬송시는 하나님을 향한 것이고, 사람을 향한 것은 소수만이 허용되었습니다. 후자 중 찬송시의 의의(意義)에 배치되는 것이 너무 많습니다. 찬양의 시, 감사의 시, 기도의 시는 하나님을 향한 것입니다. 복음 찬송과 격려를 위한 찬송시는 두 번째 유형으로 되어 있는데, 이것은 사람들을 향한 것입니다.

3. 자기를 향한 시

성경에서, 특히 시편에서 우리는 세 번째 유형의 찬송시 곧 하나님이나 사람들에게가 아니라 자기에게로 향한 시들을 보게 됩니다. "오 내 영혼아!"란 표현을 많이 보게 됩니다. 그것은 하나님 앞에서 내 혼과 나 자신의 영교이며, 내 가슴과 나 자신의 교제이며, 내 가슴과 나 자신과의 의논 또는 교통입니다. 하나님을 알고, 하나님과 영교해 본 사람들은 그들 자신의 가슴과의 이 영교의 문제를 이해할 것입니다. 그러므로 이 세 번째 유형의 찬송시에서 나는 나 자신과 영교하며, 내 가슴과 의논합니다. 나는 나 자신에게 노래하며, 나 자신을 불러대며 나 자신을 일깨웁니다. 나는 결정을 짓고, 나 자신을 상기합니다. 대체로 이 찬송시 들의 끝에 가서 사람은 하나님께 이끌림을 받습니다. 영적인 사람은 하나님께 이끌림 없이 자기 자신과 오랫동안 영교할 수 없기 때문입니다. 자기 가슴(heart)과의 그의 친교는 변함없이 하나님과의 영교 속으로 바뀌게 되는 것입니다.

성경 전체는 하나의 시라고 나는 말하고 싶습니다. 그들의 느낌에 둔감한 사람들은 시의 영을 접촉할 수 없습니다. 앞으로 올 영원 시대에서는 우리의 느낌이 우리가 오늘 갖고 있는 것들보다 훨씬 더 섬세할 것을 우리가 알게 된데 대하여 우리는 하나님께 감사드리는 것입니다. 우리는 땅 위의 기도들보다 하늘의 찬양이 더 많을 것임을 압니다. 기도는 지나가겠지만 찬양은 영원을 가득히 채울 것입니다. 우리의 모든 느낌들이 정교하고 섬세하게 될 때인 그날은 얼마나 훌륭하겠습니까!

　끝으로, 우리가 형제자매들을 음악가들로 만들려는 것은 아닙니다. 우리는 음악가들이 아니라, 가수들입니다! 기독교 찬송시는 우리로 하여금 섬세한 영적 느낌들을 발전시키도록 도와줍니다. 원하건대 우리가 너무 잘 배워서 하나님께 더 섬세한 영을 가지고 그 앞에 올 수 있게 하시며, 그에게 더 가까이 갈 수 있게 하옵소서. 주께서 우리에게 은혜 베푸시기를 빕니다.

제20과
찬양

암송 구절: 그러므로 우리는 예수로 말미암아 항상 찬송의 제사를 하나님께 드리자 이는 그 이름을 증언하는 입술의 열매니라.(히 13:15)

찬양은 하나님의 자녀들이 언제나 할 수 있는 큰 사역입니다. 그것은 성도들이 언제나 보여줄 수 있는 가장 고상한 표현입니다. 영적 생활의 최고의 나타남은 하나님을 찬양하는 사람들에게서 보입니다.

하나님의 보좌가 우주의 중심일지라도, 그것은 하나님의 자녀들의 찬양으로 굳게 세워져 있습니다. 하나님의 이름은 찬양을 통해 높여집니다. 기독교인들이 바칠 수 있는 것 중 찬양을 능가하는 것은 없습니다.

희생제물은 하나님께 매우 중요합니다. 하지만 "악인의 제물은 본래 가증하거든"(잠 21:27)입니다. 가증한 희생제물도 있지만 결코 가증한 찬양이란 것은 없습니다.

기도 역시 성경에서 매우 큰 위치를 점유합니다. 그러나 우리는 "사람이 귀를 돌려 율법을 듣지 아니하면 그의 기도도 가증하니라"(잠 28:9)는 말씀을 듣습니다. 하지만 찬양이 가증하다는 말씀을 읽어볼 수 없습니다. 놀라운 일이 아닙니까? 다윗은 그의 시에서 이렇게 말합니다. "저녁과 아침과 정오에 내가 근심하여 탄식하리니 여호와께서 내 소리를 들으시리로다"(시 55:17 다아비 역 참조). 그리고 또 "주의 의로운 규례들로 말미암아 내가 하루 일곱 번씩 주를 찬양하나이다"(시 119:164)라고 합니다. 그는 하루에 세 번 기도하지만, 하루 일곱 번 찬양합니다. 성령의 감동을 받을 때, 그는 찬양의 의의를 인정하는 것입니다.

찬양이 제사장적 기능에 추가됨

우리가 한 가지 알고 있는 것은 예배와 장막과 제사장 직분과 관련된 모든 것이 출애굽기에 상세히 기록되었다는 것입니다. 산에서 모세에게 보인 양식에 어떠한 추가나 삭감도 있어서는 안 되었습니다. 하나님을 아는 사람들은 모두 모세가 광야에서 장막을 세울 때 그 자신의 생각을 조금도 감히 추가하지 않았음을 압니다. 모든 계획이 하나님에 의한 것이었으므로, 아무도 그 양식을 함부로 변경하는 것이 허용되지 않았습니다. 모든 것이 정확히 하나님의 명령에 따라 행해졌습니다. 하지만 수년 후 다윗과 솔로몬이 제사장들의 기능에 무언가를 첨가했을 때 제사장직에 변화가 있었던 것 같습니다. 그들은 하나님을 찬양하는 일에 많은 사람들을 임명했습니다. 하지만 이런 변화가 하나님께 물리침 받지 않고, 수납되었습니다.

찬양의 성격

찬양은 그 성격상 희생제물입니다. 고난이 부수적인 것이라면 그것(고난)은 찬양의 종류의 일부가 되지 않을 것입니다. 그러나 고난은 우연한 것이 아니고 하나님께 미리 계획되어진 것을 우리는 압니다. 이것은 찬양이 그 특징을 고난과 어둠으로부터 이끌어낸 것임을 의미합니다. 이런 까닭에 히브리서 기자는 이렇게 말씀합니다. "그러므로 우리는 예수로 말미암아 항상 찬송의 제사를 하나님께 드리자 이는 그 이름을 증언하는 입술의 열매니라"(히 13:15).

형제자매님들, 희생제물이란 무엇입니까? 그것은 죽음과 손실을 의미합니다. 제물을 드리는 사람은 손실을 입습니다. 당신의 것으로 사용된, 당신의 소유물과 재산으로 사용된 수송아지와 어린 양입니다. 오늘 당신은 그것을 하나님 앞에 희생제물로 가져옵니다. 당신은 그 손실을 감수합니다. 하나님은 오늘 사람들이 희생제물을 드리듯 찬양을 드리기를 바라십니다. 환언하면, 하나님은 당신을 상처내고, 잘게 부수고, 당신을 깊이 자르심으로써 당신이 그에게 찬양을 드릴 수 있게 하십니다. 하나님의 보좌는 찬양들 위에 굳게 서 있습니다. 그가 이 찬양들을 어떻게 얻으려 하십니까? 그의 자녀들을 그에게 가까이 오게 하심으로, 각기 찬양의 제물을 가져오게 하심으로서 그렇게 하십니다.

　새 신자들은 찬양을 배우지 않으면 안 됩니다. 우리는 앞 장에서 하나님께 기도할 필요를 말했습니다. 이제는 그를 찬양하는 법을 고찰하려고 합니다. 다윗은 하루에 일곱 번 찬양하는 은혜를 받았습니다. 우리가 그보다 적게 해야 하겠습니까? 아닙니다. 우리는 하나님을 끊임없이 찬양해야 합니다. 우리는 "주여, 당신을 찬양합니다."라고 말하는 법을 배워야 합니다.

승리의 길

　첫째로, 우리는 찬양이 희생제물임을 볼 필요가 있습니다. 그러면 그것이 승리로 가는 길도 됨을 보게 될 것입니다. 기도의 영역에서 사탄이 하나님의 자녀들을 공격하는 것은 사탄의 매우 흔한 전략입니다. 많은 형제자매들이 자주 공격을 받아 기도를 잘 할 수 없다고 내게 불평을 말합니다. 사탄이 가장 두려워하는 것은 하나님의 자녀들의 기도이며, 하나님의 자녀들이 무릎을 꿇을 때 그가 도망갈 것이라는 내용을 우리는 영적인 책들에서 자주 읽게 됩니다. 이것은 우리에게 매우 낯익은 것입니다. 그러나 내가 오늘 말씀드리려 하는 것은 사탄이 가장 맹렬히 공격하는 것은 기도가 아니고 찬양이라는 것입니다.

　사탄이 기도를 공격하지 않는다는 말이 아닙니다. 기독교인이 기도하기 시작할 때 사탄은 공격을 시작합니다. 그러므로 사람들과 이야기하기는 비교적 쉬워도 기도하기는 아주 어렵습니다. 과연, 사탄은 기도를 공격합니다. 그러나 하나님의 자녀들의 찬양 역시 공격합니다. 그가 만약 하나님께 드리는 모든 찬양의 말을 막을 수만 있다면 그는 그렇게 할 힘을 기쁘게 사용할 것입니다.

　기억하십시오. 언제든 하나님의 자녀들이 찬양할 때마다 사탄은 도망갈 것입니다. 기도는 전투일 경우가 많습니다. 그러나 찬양은 승리입니다. 기도는 영적 전쟁입니다. 찬양은 승리의 함성입니다. 이런 이유로 찬양은 사탄이 가장 미워하는 것입니다. 가능한 한 우리의 찬양을 꺼버릴 힘이 있으면 그가 모든 힘을 발휘할 것입니다. 하나님의 자녀들이 그들의 환경을 바라보거나 그들의 느낌을 생각하고 주를 찬양하기를 중단하면 그들은 어리석습니다. 그들이 하나님을 진정 안다면, 빌립보 감옥에서조차 찬송의 자리가 있었음을 보게 될 것입니다. 바울과 실라가 하나님께 기도하고 찬양할 때 감옥의 모든 문들이 열렸습니다(행 16:25-26). 기도가 항상 감옥의 문을 열지는 못할 수 있으나, 찬양은 엽니다!

　찬양이 어째서 승리입니까? 당신이 기도할 때, 당신은 아직 환경 안에 있습니다. 그러나 당신이 찬양할 때, 당신은 환경을 초월하고 극복하기 때문입니다. 당신이 언제든 기도하고 간청할 때마다, 당신은 당신이 구하고 있는 것에 휘말립니다. 당신이 항변할수록 당신은 더 그 일에 휩싸입니다. 그것이 내내 당신 앞에 있기 때문입니다. 그러나 당신이 하나님으로 말미암아 감옥 너머로, 재고품 너머로, 수치와 고난 너머로 이끌려 왔다면, 당신은 목소리를 높여 하나님을 찬양할 수 있게 됩니다.

　기도가 성취할 수 없는 것을 찬양은 할 수 있습니다. 이것은 기억해야 할 한 가지 기본 원칙이 됩니다. 당신이 기도할 수 없으면 어째서 찬양할 수는 없습니까? 주께서 우리에게 기도를 주셨을 뿐만 아니라, 찬양도 주셨으며, 이것을 통해 우리는 승리를 주장할 수 있는 것입니다. "항상 우리를 그리스도 안에서 이기게 하시고…하나님께 감사하노라"(고후 2:14). 언제든 당신의 영이 지나치게 억눌리어 기도는 그만두고라도 당신이 거의 숨을 쉴 수 없을 때마다 어째서 당신은 하나님을 찬양하려고 하지 않습니까? 당신이 기도할 수 있을 때는 기도하십시오. 그러나 기도할 수 없을 때는 찬양하십시오.

찬양의 기본적 요지

광야의 이스라엘 백성들의 상황을 묘사하는 시 106편에 매우 소중한 한 말씀이 들어 있습니다. "이에 그들이 그 말씀을 믿고 그를 찬양하는 노래를 불렀더라."(12절). 그들은 믿었습니다. 그러므로 그들은 찬양했습니다. 찬양에는 믿음의 기본적 내용이 들어 있습니다. 아무도 가볍게 찬양하거나 무심히 "내가 주께 감사한다." "주를 찬양한다!"라고 말해서는 안 됩니다. 그렇습니다. 그런 말은 찬양으로 간주될 수 없습니다. 찬양은 믿음으로 구현되지 않으면 안 되는 것입니다. 고통스러울 때 당신은 기도합니다. 슬플 때는 당신이 기도합니다. 당신은 마음으로 믿을 수 있기까지 기도하고 기도하는 것입니다. 그런 다음 당신은 입을 열어 찬양하는 것입니다.

그러므로 찬양은 살아있는 것입니다. 그것은 되는대로 입 밖에 내는 그 무엇이 아닙니다. 누군가가 괴로움을 당할 때, 그는 기도해야 합니다. 그러나 일단 당신 안에 작은 믿음이 떠올라 당신으로 하여금 하나님과 그의 능력과, 크심과, 자비와, 영광을 믿을 수 있게 되면, 당신은 찬양을 시작해야 합니다. 누군가가 자기 속에 믿음을 갖고 있으나 찬양하지 아니하면, 그 믿음은 조만간에 사라질 것입니다. 나는 이것을 경험을 통해 말하고 있습니다. 이것을 다시 강조해서 말하려고 합니다. 당신이 속에 믿음을 발견하면, 당신은 찬양하지 않으면 안 됩니다. 그렇잖으면 당신은 곧 믿음을 잃게 될 것입니다.

하나님을 영화롭게 함

끝으로, 시 50편에 있는 한 문구를 당신과 함께 읽고 싶습니다. "감사로 제사를 드리는 자가 나를 영화롭게 하나니"(23절). 주는 우리의 찬양을 찾으십니다. 찬양보다 하나님을 더 영화롭게 하는 것은 없습니다. 언젠가 모든 기도는 과거의 일이 되고, 모든 사역은 지나가게 될 것을 우리는 압니다. 예언도 그치고, 수고도 끝날 것입니다. 그러나 그 날에 찬양은 오늘의 그것보다 훨씬 더 많아질 것입니다. 그것은 끝없이 계속될 것입니다. 하늘에서 우리의 하늘 집에서 더 많이 하나님을 찬양하고, 찬양하는 법을 배우게 될 것입니다. 우리가 바로 이 땅 위에서 이 가장 훌륭한 과목을 배우기 시작하는 것이 가장 좋을 것이라고 나는 믿고 있습니다.

제21과
떡을 떼기

암송 구절: 그러므로 누구든지 주의 떡이나 잔을 합당하지 않게 먹고 마시는 자는 주의 몸과 피에 대하여 죄를 짓는 것이니라.(고전 11:27)

성만찬의 이중적 의미

1. 주를 기억함

주의 만찬에 담겨있는 기본 사상은 주를 기억한다는데 있습니다. 주 자신이 "이것을 행하여 나를 기념하라"(11:24 후반)고 말씀하십니다. 주는 우리가 얼마나 잘 잊는지를 아십니다. 우리가 그런 풍성한 은혜를 받았고, 놀라운 구속을 경험했기에 우리가 결코 잊을 수 없을 것이라고 생각하지 마십시오. 우리는 가장 잘 잊는 사람들임을 당신에게 경고하고 싶습니다. 이런 까닭에 주는 특히 우리가 주를 기억하고, 그가 우리를 위해 행하신 것을 기억하기를 바라십니다. 주는 우리가 그렇게 잘 잊기에 그를 기억할 뿐만 아니라, 그가 우리의 기억이 필요하시기 때문에 기억하기를 원하시는 것입니다. 환언하면, 주는 우리가 그를 잊기를 바라시지 않습니다. 주는 그토록 크시고 그토록 초월자이시므로 우리가 주를 잊고, 그것으로 어지럽힘을 받지 않으실 수도 있습니다. 하지만 이렇게 "이것을 행하여 나를 기념하라"고 말씀하심으로서 주는 우리의 기억을 원하심에서 얼마나 자기를 낮추시는지를 드러내십니다.

우리가 주를 충분히 기억하기를 주가 바라심은 주의 사랑의 한 가지 표시입니다. 그것은 크심의 요구가 아니라, 사랑의 요구입니다. 주의 크심에 관한한 주는 우리에게 잊혀지실 여유가 있으십니다. 하지만 그의 사랑은 우리가 그를 기억할 것을 주장합니다. 우리가 주를 기억하지 못하면, 우리는 큰 손실을 입을 것입니다. 우리가 주를 자주 기억하지 아니하고 주의 구속을 우리 앞에 항상 기억하지 않으면, 우리는 쉽게 세상을 따르고 하나님의 자녀들과 다투게 될 것입니다. 따라서 우리는 주를 기념할 필요가 있을 뿐만 아니라, 그렇게 함에서 유익을 얻습니다. 이것은 또한 우리가 주의 은혜를 받는 한 가지 수단이기도 한 것입니다.

세상과 관계를 끊게 함

주를 기념하는 한 가지 매우 중요한 가치는 세상이 당신에게 계속 영향력을 발휘할 수 없게 하는 것이란 사실에 있습니다. 주께서 당신을 위해 어떻게 죽으셨으며 용납하셨는지를 당신이 날마다 기억한다면, 세상이 당신 안에 어떤 자리도 차지하지 못할 것입니다. 내 주께서 여기 세상에서 죽음을 당하셨으니 내가 무엇이라 말해야 하겠습니까? 그들이 내 주를 죽이지 않았다면, 그들이 나와 함께 이야기할 어떤 근거가 있을 수 있습니다. 그러나 그들이 벌써 내 주를 죽였고, 그의 죽음이 내 앞에 나타나 있으니 내가 세상과 더 말할 여지도, 의사소통할 방법도 내게는 없습니다. 나는 세상과 어떤 교제도 가질 수 없습니다. 이것이 떡을 뗌의 으뜸가는 잇점인 것입니다.

당신의 마음을 확대함

주를 기억함에서 얻는 또 하나 잇점은, 그를 기억하는 사람은 그가 아주 당연하게도 하나님의 모든 자녀들을 껴안을 만큼 확대된 마음을 갖게 될 것이란 것입니다. 주의 피로 구속받은 사람은 당연히도 모두 주께 사랑받는 사람들임을 보게 된다는 것입니다. 그러므로 그들은 동시에 내 마음의 기쁨이 되는 것입니다. 우리가 모두 주 안에 있다면 시기와 욕설과 용서 않음이 있을 수 있겠습니까? 당신이 주의 만찬석의 옆자리에 앉아 있는 형제나 자매와 어떻게 다툼을 계속할 수 있습니까? 당신의 많은 죄가 어떻게 용서 받았는지 회상한다면 당신의 형제의 그 무엇을 요구할 권리가 있겠습니까? 당신이 다툼과 시기와 용서치 않는 영을 계속 고집한다면, 당신은 주를 기념할 수 없게 될 것입니다.

우리가 주를 기념하기 위해 모일 때마다, 우리는 그의 사랑을 한 번 더 회상해 보도록 권유받게 됩니다. 우리는 세상의 부패와 세상에 대한 심판을 재검토해 보아야 합니다. 모든 구속 받은 사람은 주께 사랑받는 자라는 확신을 회복해야 합니다. 주를 기념할 때마다 우리는 그의 사랑과 그가 우리를 어떻게 사랑하셨으며, 우리를 위해 자기를 어떻게 주셨는지 회상하게 됩니다. 사랑 가운데 그가 우리를 위해 음부에 내려가셨습니다. 세상은 벌써 심판을 받았습니다. 우리 주를 십자가에 못 박았기 때문입니다. 그러나 하나님의 모든 자녀들은 우리의 기쁨입니다. 그들이 모두 주의 피로 값주고 사신바 되었기 때문입니다. 어떻게 우리가 그들을 미워할 수 있습니까? 어떻게 우리가 미운 생각을 품을 수 있습니까?

2. 주의 죽음을 선포하라

주의 만찬에는 두 번째 의미가 있습니다. 이것을 고린도전서 11장 26절에서 보게 됩니다. "너희가 이 떡을 먹으며 이 잔을 마실 때마다 주의 죽으심을 그가 오실 때까지 전하는 것이니라." 우리는 모두가 볼 수 있도록 주의 죽음을 선언하거나 나타내 보일 필요가 있습니다.

인간적 관점에서 보면, 하나님은 십자가 외에는 땅에 아무것도 남겨두시지 않았습니다. 십자가 사역은 끝났지만 십자가의 사실은 그대로 남아 있습니다. 과연, 오늘 많은 사람들이 십자가를 잊었습니다. 그러나 신자들은 그렇지 않습니다. 그들에게 십자가는 영원히 기억되어야 할 그 무엇입니다. 매주일 우리는 주의 만찬에서 하나님의 아들의 십자가가 교회에 나타나 있음을 보게 됩니다. 이것은, 우리가 다른 모든 것은 잊더라도, 우리를 위한 주의 죽으심의 사실을 우리가 기억하지 않으면 안 될 것을 암시하고 있는 것입니다.

만찬 식탁의 의미

고린도전서 11장은 주를 기념하고 주의 죽음을 나타내는 그 이중의 의미와 함께 주의 만찬을 말씀하고 있습니다. 하지만 같은 서신 10장은 그것을 주의 식탁으로도 말씀하고 있습니다(21절). 주제는 같은 것이더라도, 두 가지 다른 명칭이 사용되었습니다. 주의 만찬처럼 주의 식탁 역시 의미를 지닙니다. "우리가 축복하는바 축복의 잔은 그리스도의 피에 참여함이 아니며 우리가 떼는 떡은 그리스도의 몸에 참여함이 아니냐 떡이 하나요 많은 우리가 한 몸이니 이는 우리가 다 한 떡에 참여함이라"(16,17절). 여기의 식탁은 이중의 의미를 지닙니다. 첫째로 영교이고, 둘째로 하나 됨입니다.

1. 영교

주의 식탁의 첫 번째, 중요한 의미는 영교입니다. "우리가 축복하는바 축복의 잔은 그리스도의 피에 참여함이 아니며?" 고린도전서 11장에서 주와 신자의 관계 속으로 탐색해 들어가는 것같이 고린도전서 10장에서도 신자들의 관계를 다루고 있습니다. 11장은 우리의 상호 관계를 다루지 않고 다만 그가 오실 때까지 주를 기념하고 주의 죽음을 선포하는 것을 강조합니다. 한편 10장은 그리스도의 피의 영교를 강조하고 있습니다.

우리가 축복하는바 축복의 잔의 그 숫자가 단수임을 주목하십시오. 우리는 모두 같은 잔에서 마십니다. 그러므로 이것은 영교의 의미를 나타내고 있는 것입니다. 사람들이 매우 친밀하지 않으면 그들은 같은 잔에서 마시지 않을 것입니다. 그처럼 많은 하나님의 자녀들이 같은 잔에서 마신다는 사실은 주의 식탁의 영교적인 면을 충분히 입증하고 있습니다.

11장에서 우리의 눈은 주에게 초점이 맞춰져 있습니다. 그러나 10장에서 우리는 우리의 형제들을 바라봅니다. 우리는 그들이 잔 안에 있음을 봅니다. 잔은 마시기 위해 있습니다. 따라서 우리는 모두 같은 잔에서 마십니다. 이렇게 함에서 우리는 하나님의 모든 자녀들과 함께 영교를 갖는 것입니다. 이 면을 시야에서 놓치지 않도록 주의합시다.

2. 하나 됨

주의 식탁의 두 번째 의미는 하나 됨 입니다. "떡이 하나요 많은 우리가 한 몸이니 이는 우리가 다 한 떡에 참여함이라"(17절). 여기서 하나님의 모든 자녀는 하나라는 것을 즉각 볼 수 있습니다. 11장의 떡과 10장의 떡은 각기 다른 것을 강조합니다. 11장에서 주는 "이것은 너희를 위하는 내 몸이니"(24절)라고 하시어 떡을 그의 신체적 몸에 언급하시는 반면, 10장의 그 절은 "떡이 하나요 많은 우리가 한 몸이니"(17절)라고 하여 이번에는 교회가 떡임을 암시하시고 있습니다.

　우리가 주 앞에서 주의 식탁을 기념함으로, 그리고 나타냄으로, 영교의 그 다양한 의미들을 배울 필요가 있음 같이 또한 우리의 그 하나 됨의 의미를 배우지 않으면 안 됩니다. 하나님의 모든 자녀는 떡이 하나 됨 같이 하나입니다. 우리는 다만 한 떡을 갖고 있으며, 각 신자는 한 조각을 뗍니다. 뗀 떡 조각을 모두 모을 수 있다면, 우리는 그 떡 한 덩어리를 회복할 수 있을 것입니다. 많은 사람들 가운데 흩어진 그 떡은 그 조각들을 다시 합치면 여전히 한 덩이가 될 것입니다. 물질적으로, 떡을 떼어 먹은 후에는 그것이 회복될 수 없습니다. 그러나 영적으로 우리는 성령 안에서 아직 하나입니다. 성령은 그리스도를 우리에게 주십니다. 하지만 그리스도는 여전히 성령으로 계십니다. 분배된 것은 떡이지만, 성령 안에서 우리는 여전히 하나이며, 결코 나뉘어진 적이 없습니다. 그러므로 떡을 뗌에서 하나님의 자녀들은 하나라고 우리는 고백하는 것입니다. 이 떡은 하나님의 교회의 하나 됨을 의미하는 것입니다.

　주의 식탁의 기본 논점은 떡에 있습니다. 하나님의 자녀들이 떡을 떼러 함께 모일 적에 그 떡이 자기들 자신들만을 상징한다면 그것은 너무나 작습니다. 그것을 떼어서는 안 됩니다. 떡은 당신의 특정 지역 사람들은 물론 땅 위 모든 하나님의 자녀들을 포함하는바 온 교회를 상징하는 것입니다. 이런 까닭에 그것은 하나님의 모든 자녀들의 하나 됨을 증거하는 것입니다.

받아들임의 원칙

그러면 우리는 사람들을 주의 식탁으로 어떻게 받아들입니까? 기억해야 할 것은, 우리가 주최자가 아니라는 것입니다. 우리는 기껏해야 안내인들에 지나지 않습니다. 이것은 주의 만찬, 주의 식탁이지 우리의 것이 아닙니다. 우리는 주의 식탁을 주관할 권위를 전혀 갖고 있지 않습니다. 우리는 떡을 먹고, 잔을 마실 특권을 부여받고 있습니다. 그러나 남들이 그것을 받지 못하게 막을 수는 없습니다. 우리는 피로 구속받은 사람들의 어느 누구도 주의 식탁에 오지 못하게 금할 수 없습니다. 우리는 주가 영접하신 사람들을 물리칠 수 없으며, 주께 속한 자들을 거부할 수 없습니다. 우리는 주가 거부하시는 사람들이나 그에게 속하지 않은 사람들만을 거부할 수 있습니다. 주는 그에게 속하지 않은 사람들이나 아직 죄에 머물러 있는 사람들만을 거부하십니다. 주와의 그들의 영교가 이미 중단되었으므로 우리 또한 그들과의 교제를 갖지 않습니다. 그러나 우리는 주의 것이며, 주께서 발휘하시는 것 이상의 다른 것을 발휘할 권위가 우리에게 없음을 유의합시다.

우리가 떡을 뗄 때마다, 우리는 은혜를 받은 모두를 생각해야 합니다. 우리가 개인적으로 아는 형제자매들만을 생각해서는 안 됩니다. 만약 한 곳의 식탁에 모인 사람들이 다른 곳들의 하나님의 자녀들과 친교하기를 거부한다면, 그들 또한 배타적이며 폐쇄적입니다.

우리는 모든 곳의 형제자매들의 가슴이 열리어 하나님의 모든 자녀들을 감쌀 수 있기를 소망합니다. 교회의 터 위에 선다는 것은 마치 어떤 이들은 환영하고 나머지는 그렇지 않다는 듯 하나님의 어떤 자녀도 차별하지 않는다는 뜻입니다. 주의 식탁에 올 때마다 우리는 다시 한 번 주를 볼 수 있게 됩니다. 따라서 우리의 가슴은 하나님의 모든 자녀를 포함할 만큼 다시 한 번 넓게 열리게 되는 것입니다. 가슴은 큰 신비입니다. 그것은 저절로 커지지 않습니다. 오히려 그것은 가장 작은 부주의에 의해서도 좁아지는 경향이 있는 것입니다. 그 자연적 성향은 확장이 아니라 수축되는 것입니다. 그러나 주를 기념하는 시간에 우리 가슴들은 확장되어야 하는 것입니다.

합당하게

"그러므로 누구든지 주의 떡이나 잔을 합당하지 않게 먹고 마시는 자는 주의 몸과 피에 대하여 죄를 짓는 것이니라 사람이 자기를 살피고 그 후에야 이 떡을 먹고 이 잔을 마실지니 주의 몸을 분별하지 못하고 먹고 마시는 자는 자기의 죄를 먹고 마시는 것이니라." (고전 11:27-29) 우리가 합당하게 먹고 마시는 것은 극히 중요합니다. 이것은 그 사람 자신의 합당함에 언급하지 않고, 그가 참여하는 방식에 언급합니다. 한 사람의 합당함은 벌써 주의 소중한 피로 그가 구속받은 것으로 간주된다는 것입니다. 만약 그가 주의 것이 아니라면, 그는 주의 식탁에 참여할 수 없습니다. 그러나 주의 것인 사람들이 합당하지 않게 먹을 수도 있습니다. 즉 주의 몸을 분별하지 못하고 무심결에 떡을 받을 수 있는 것입니다.

    그러므로 우리는 젊은 신자들이 떡을 정중하게 받도록 권면합니다. 당신은 하나님 앞에 올 자격이 있습니다. 그러나 당신 자신을 검토하도록 주께 요청받고 있습니다. 당신은 이것이 주의 몸임을 분별하지 않으면 안 됩니다. 이런 까닭에 당신은 그것을 가볍게 받을 수 없습니다. 당신은 주의 몸에 합당하게 그것을 받아야만 합니다. 주께서 그의 피와 살을 당신에게 주시므로, 당신은 그것을 공손히 받을 필요가 있습니다. 바보 외에는 아무도 하나님께서 그에게 주신 것을 멸시하지 않을 것입니다.

제 4 권

내가 아니라 그리스도

제22과
누구든지 죄를 범하면

암송 구절: 그가 빛 가운데 계신 것 같이 우리도 빛 가운데 행하면 우리가 서로 사귐이 있고 그 아들 예수의 피가 우리를 모든 죄에서 깨끗하게 하실 것이요.(요일 1:7)

    구속 받은 사람이 부주의하여 죄를 범하면 그는 어떻게 하나님께 회복될 수 있습니까? 회복의 길을 알지 못한다면 그가 하나님께로 돌아올 수 없을 것입니다.
    십자가의 죽으심으로 주 예수께서 우리의 모든 죄에서 우리를 깨끗케 하시고 구속해 주셨습니다. 우리가 주께로 왔을 때, 성령이 우리에게 빛을 비춰 주셔서 우리 죄를 우리에게 보여 주셨습니다. 그러나 성령이 우리에게 보여주신 것은 주께서 십자가 위에서 보여주신 것처럼 포괄적이 아니었습니다. 그 차이를 눈여겨 볼 가치가 있습니다. 레위기 16장의 속죄제물이 모든 죄를 포함한 것 같이 주 예수는 십자가에서 우리의 모든 죄를 지셨습니다. 주의 구속은 당신이 당신 생전에 범할 수 있는 모든 죄를 덮어 주었습니다. 과연 그가 십자가에 죽으셨을 때 주는 당신의 평생의 모든 죄를 지셨습니다.

죄지은 후 하나님께로 돌아오는 길

우리가 젊은 형제자매들로 하여금 단정치 못한 삶을 살라고 격려할 의도는 없습니다. 뒤에 가서 우리는 그들에게 승리의 길을 가리켜 보이겠습니다.(26과 "구출") 이 과목에서 우리의 목적은 죄 지은 사람이 하나님께 어떻게 회복될 수 있는가를 보여주는데 있습니다.

1. 빛 가운데 행하라

"그가 빛 가운데 계신 것 같이 우리도 빛 가운데 행하면 우리가 서로 사귐이 있고 그 아들 예수의 피가 우리를 모든 죄에서 깨끗하게 하실 것이요".(요1 1:7) 빛은 여기서 무엇을 가리킵니까? 두 가지 의미가 가능합니다. 첫째 가능성은 성결의 빛입니다. 다른 가능성은 복음의 빛, 즉 하나님께서 복음에서 계시하셨고 나타내신 빛입니다.

여기의 이 "빛"이 성결의 빛을 언급하는 것으로 보려는 사람들이 많습니다. 따라서 이 절의 첫째 부분을 "하나님이 성결하심 같이 우리가 성결 가운데 행하면"으로 의역할 수 있을 것입니다. 그러나 그런 해석은 그 이하 부분을 무의미하게 만들게 될 것입니다. 만약 우리가 성결하다면 우리를 우리 죄로부터 깨끗케 해줄 하나님의 아들 예수의 피가 우리에게 필요 없음이 분명해집니다.

하나님은 그가 우리를 구원하시고, 우리에게 은혜를 주심을 의심할 나위 없이 선언하셨습니다. 하나님이 복음의 빛인 이 은혜의 빛 안에 계심 같이 우리가 이 빛 가운데 있으면 우리는 서로 교제를 가질 수 있습니다. 그가 은혜로 우리에게 오심같이 은혜로 우리는 하나님께로 옵니다. 따라서 우리는 하나님과 친교를 가지며, 그의 아들 예수의 피가 우리를 우리의 모든 죄에서 깨끗케 해 줍니다. 이것이 참으로 은혜입니다.

2. 고백과 용서의 은혜

"만일 우리가 죄가 없다고 말하면 스스로 속이고 또 진리가 우리 속에 있지 아니할 것이요"(요1 1:8). 우리가 죄 없다고 말한다면 우리는 자기를 기만하는 것이 됩니다. 진리가 우리 안에 없다는 것이 분명해지는 것입니다. 이것은 확실한 것입니다.

"만일 우리가 우리 죄를 자백하면 그는 미쁘시고 의로우사 우리의 죄를 사하시며 우리를 모든 불의에서 깨끗하게 하실 것이요"(요1 1:9). 우리가 죄 지은 것을 알고 또 그것을 고백하면, 하나님은 우리 죄를 용서하시고 우리를 모든 불의에서 깨끗케 하십니다. 하나님은 그의 말씀에 신실하시고, 자신의 일에 의로우시고, 그의 약속에 신실하시고, 십자가 위 그의 아들의 구속 사역에 대해 의로우십니다. 하나님께서 그렇게 말씀하셨으므로 하나님은 용서하시지 않으실 수 없습니다. 구속 사역 때문에 하나님은 용서하시지 않으면 안 됩니다. 그의 신실하심과 의로우심 때문에 하나님은 우리 죄를 용서하시고 모든 불의에서 우리를 깨끗케 해주실 것입니다.

"만일 우리가 범죄 하지 아니하였다 하면 하나님을 거짓말하는 이로 만드는 것이니 또한 그의 말씀이 우리 속에 있지 아니하리라"(10절). 우리가 어떻게 죄 지은 일이 없다고 말할 수 있습니까? 이렇게 하면 하나님을 거짓말하는 이로 만들게 될 것이며, 구속의 필연성을 부정하게 될 것입니다. 하나님은 우리가 범죄했기 때문에 우리에게 구속을 제공해 주시는 것입니다.

"나의 자녀들아 내가 이것을 너희에게 씀은 너희로 죄를 범하지 않게 하려 함이라 만일 누가 죄를 범하여도 아버지 앞에서 우리에게 대언자가 있으니 곧 의로우신 예수 그리스도시라"(요1 2:1). "이것"은 1장 7-10절의 말씀들을 가리킵니다. 거기서 하나님은 우리의 죄 때문에 그 앞에 우리의 여러 가지 상태를 대략적으로 언급하시고 있습니다. 그의 아들 예수의 피 때문에 하나님은 우리의 죄를 용서해 주십니다. 그의 신실하심과 의로우심 때문에 하나님은 우리를 용서하시고 우리의 모든 불의를 깨끗케 해 주십니다. 우리가 어떤 종류의 죄를 지었든 모두 용서 받았습니다.

주께서 행하신 것은 우리의 모든 죄와 불의를 전적으로 용서하시고, 전적으로 우리를 깨끗케 하시는 것입니다. 그가 "모든"이라고 말씀하실 때 "모두"를 의미하심이 틀림없습니다. 그의 말씀을 변화시키지 마십시오. 그가 과거의 우리의 가지가지의 죄뿐만 아니라 우리의 모든 죄들-우리가 의식하지 못하는 죄와 함께 의식하는 죄를 용서해 주십니다. 우리는 완벽하고 완전한 용서를 받고 행하게 됩니다. 그러므로 "이것(들)"은 하나님의 약속과 사역을 통해 우리 죄가 어떻게 용서 받는가를 언급하고 있습니다. 하나님은 우리가 죄를 범하지 않게 하려 함이라고 말씀하셨습니다. 주가 우리를 용서하심을 볼 때, 조심성 없게 되지 않도록 우리는 죄를 짓지 않도록 억제 받고 있습니다.

그 이하에 나오는 것은 아주 특정적인 것입니다. 앞서 진술한 죄들은 그 성격상 더 일반적인 것이며, 경험된 용서 역시 원칙상 일반적인 것입니다. 그러나 우리가 주를 믿은 후에 범한 죄들은 어떻습니까? 용서받은 어떤 특정한 죄가 있습니까? "만일 누가 죄를 범하여도"-이것은 하나님의 자녀를 가리킵니다.-"아버지 앞에서 우리에게 대언자가 있으니 곧 의로우신 예수 그리스도시라." "아버지 앞에서"는 이것이 한 가정의 사건임을 보여줍니다. 우리는 하나님의 자녀들 가운데 포함되어 있습니다. 우리는 가족에 소속되어 있습니다. 우리는 아버지 앞에 한 대언자이신 의로우신 예수 그리스도를 모시고 있고, 그는 우리의 죄를 위한 화목제물이십니다. 그가 그의 죽으심에서 우리 죄를 위한 화목제물이 되셨으므로 이제 아버지 앞에 우리의 한 대언자가 되십니다.

기독교인이 죄를 범하면, 그는 아버지 앞에 한 대언자를 모시고 있습니다. 죄를 범하는 사람이 신자이면, 부자 관계가 성립됩니다. 헬라어로 대언자는 파라클레토스로서 "아무개의 편이 되도록 요청

받는다"는 뜻입니다. 이 용어에는 두 가지 다른 용법이 있습니다. 민간적 용법에서는 한 편이 되어 항상 도와줄 준비가 돼 있다는 뜻이고, 법정적 용법에서는 상담역 또는 고문이란 뜻인데, 그 사건을 위해 충분히 책임을 지는 사람입니다. 우리 주는 우리가 먼저 그의 십자가로 올 때 우리를 맞아주셨습니다. 그가 우리 사건을 어떻게 떠맡으셨습니까? "우리를 위한 화목제물이니 우리만 위할 뿐 아니요 온 세상의 죄를 위하심이라"(요1 2:1).

새 신자들은 죄를 범하지 않도록 확실히 간곡히 타이름 받아야 합니다. 그들이 죄를 지어서는 안 되며, 그들이 죄를 짓지 않는 것이 실제로 가능합니다. 그러나 불운하게도 그들이 죄를 범하면, 주 예수님의 피가 그들의 모든 죄에서 그들을 여전히 깨끗케 할 수 있음을 기억하게 합시다. 주는 그들의 옹호자이십니다. 주는 의로우신 분입니다. 그가 지금 아버지와 함께 계신다는 사실이 그들의 죄가 용서받음을 보증해 줍니다.

그렇기 때문에 그런 고통이 성결을 가져오기라도 한다는 듯 죄의 수치 가운데서 꾸물거리지 마십시오. 죄 의식을 연장하는 것이 어쨌든 성결의 징조라고 생각하지 마십시오. 누구든 죄를 지으면 맨 처음 해야 할 일은 하나님께로 가서 "제가 죄를 지었습니다."라고 고백하는 것입니다. 이것은 자기를 판단하는 것인 바, 죄를 그 정당한 명칭으로 부르는 것입니다. "만일 우리가 우리 죄를 자백하면 그는 미쁘시고 의로우사 우리 죄를 사하시며 우리를 모든 불의에서 깨끗하게 하실 것이요". 이렇게 하면 하나님께서 당신을 용서하시고, 그와 당신의 친교가 즉각 회복됨을 보게 될 것입니다.

3. 회복의 길

하나님의 자녀가 죄를 짓고도 자복하지 않고 그 죄 가운데 계속 하더라도, 그는 하나님의 자녀이며, 하나님은 그의 아버지 이십니다. 하지만, 하나님과의 그의 친교는 상실될 것입니다. 그의 양심에는 지금 약함이 있습니다. 그가 하나님 앞에 바로 설 수가 없습니다. 하나님과 친교를 가져보려 하겠지만, 그는 이것이 매우 고통스럽고, 부족한 것을 알게 될 것입니다. 마치 무언가 잘못을 범한 어린이처럼 되는 것입니다. 그의 어머니가 알지 못하여 꾸짖지 않을지는 몰라도 그는 여전히 매우 마음이 불편합니다. 그는 감미로운 친교를 갖기가 불가능함을 압니다. 자기 안에 거리감을 느끼기 때문입니다.

회복하는 데는 단 한 가지 길이 있습니다. 하나님께로 가서 죄를 자백하지 않으면 안 되는 것입니다. 나는 주 예수께서 나의 중보자이시며, 내 모든 죄를 처리하셨음을 믿습니다. 그러므로 나는 여기 하나님 앞에 서서 내 모든 잘못을 겸손히 인정합니다. 나는, 이후에는 그처럼 교만하지도 않고 부주의하지 않도록 주를 바라봅니다. 제가 얼마나 쉽게 넘어지는지를 배웠습니다. 저는 남들보다 더 낫지가 않습니다. 그러므로 하나님께서 제게 자비로우시고, 제가 한 걸음씩 주와 계속할 수 있도록 기도합니다. 하나님을 찬양하리로다. 우리는 그와 함께 하시는 한 중보자, 우리와 함께 하시는 한 분을 모시고 있습니다.

제23과
사과와 원상회복

암송 구절: 이것으로 말미암아 나도 하나님과 사람에 대하여 항상 양심에 거리낌이 없기를 힘쓰나이다(행 24:16).

사과와 원상회복의 습관이 필요함

우리가 주를 믿은 후에는 사과하고 원상회복하는 습관을 계발할 필요가 있습니다(여기서 우리는 과거의 일들에 언급하고 있지 않습니다. 우리는 벌써 제 2과에서 이 주제를 다룬바 있습니다). 우리가 누구에게든 화나게 했거나 해를 끼쳤으면 사과하거나 원상회복하여 우리의 허물을 바로 잡는 법을 배워야 합니다. 하나님께 자백하고, 사람들에게 사과하면, 우리의 양심이 민감하고 예리해집니다. 그렇지 않으면 우리의 양심이 강퍅해지고, 강퍅해진 양심은 하나님의 빛을 받을 수 없게 됩니다. 빛은 강퍅해진 양심의 사람에게는 쉽게 비쳐지지 않습니다.

유명한 웰즈 부흥사였던 에반 로버츠는 항상 이렇게 묻기를 좋아했습니다. "당신이 사과한 적이 언제였습니까?" 만약 마지막 사과한 적이 오래 전이었다면 당신에게 무언가가 잘못된 것이 틀림없습니다. 누군가의 감정을 해치지 않고 수년간 살 수 있다는 것은 상상도 할 수 없습니다. 더욱이 우리의 죄를 의식함 없이 남들의 감정을 해친 일은 더 많았을 것입니다. 그렇다면, 우리의 양심에 무언가가 잘못된 것을 증명해 줍니다. 양심이 빛과 민감함이 없이 어두움 속에 있는 것입니다. "당신이 사과한 적이 언제였습니까?" 지나간 시간의 길이를 주목해 봄으로써 우리와 우리 하나님 사이에 무엇이 있는지 그 여부를 우리는 알 수 있습니다. 시간의 경과가 크다면, 그의 영에 빛이 없는 것을 우리는 압니다. 그러나 그가 최근에 누군가에게 사과했다면, 그의 양심이 민감함을 우리는 아는 것입니다. 새 신자들은 민감한 양심이 중요함을 알아야 합니다. 이것만이 우리로 하여금 하나님의 빛 안에서 살 수 있게 해줍니다. 우리는 민감한 양심을 가지고 우리의 죄를 죄로써 계속 정죄하게 될 것입니다. 우리 죄를 하나님께 고백하고, 또 사람들에게 사과해야 할 때가 많을 것입니다.

사과가 필요한 죄

우리가 사과해야 할 죄들은 어떤 종류입니까? 모든 죄가 다 사과가 필요한 것은 아닙니다. 그러나 남들을 해쳤거나 손상을 준 죄들을 사과해야 합니다. 만약 내가 죄를 지었고, 나의 행실이 내 형제나 비신자에게 손상을 주었다면, 나는 그 사람에게 내 잘못을 표시해야 합니다. 나는 하나님께 자백할 뿐만 아니라 관련된 사람에게도 사과해야 하는 것입니다.

우리는 우리 죄를 용서해 주시도록 하나님께 구할 수 있습니다. 그러나 남들을 대신해서는 어떻게 우리가 하나님께서 우리를 용서해 주시도록 구할 수 있겠습니까? 우리가 하나님께 자백하고, 하나님이 우리를 용서해 주시도록 우리는 구하지 않으면 안 됩니다. 그러나 우리가 해친 사람들과도 바르게 되어야 하는 것입니다. 하나님께만 용서를 구하는 것으로 남들에 대한 우리의 죄과(허물)를 덮기에 충분하다는 생각을 결코 품지 말아야 합니다.

한편, 사람들과 관련되지 않은 죄들에 대해 사과할 필요는 절대 없습니다. 젊은이들이 너무 지나치게 나가지 않도록, 도를 지나치지 않기를 바랍니다. 하나님께는 범했지만 사람과는 전혀 관련이 없는 죄는 무엇이든 하나님께만 자복할 필요가 있지만, 사람에게 범한 죄는 사람에게 사과할 필요가 있습니다.

쉽게 사람들을 화나게, 특히 형제에게 화나게 하지 마십시오. 그러나 당신이 그렇게 한다면 당신은 판단(심판)아래에 있게 될 것이며, 그것에서 벗어나기가 어렵습니다. 주께서 이것에 대해 강하게 이렇게 말씀하셨습니다. "너를 고발하는 자와 함께 길에 있을 때에 급히 사과하라"(마 5:25). 어떻게요? "함께 길에 있을 때" 합니다. 오늘 우리는 모두 아직 길에 있습니다. 당신과 나는 죽지 않았습니다. 당신네 두 사람은 살아 있고, 그러므로 아직 길에 있습니다. 그러므로 그와 속히 화해하십시오.

마태복음 5장 23-26절을 실천함에 대하여

모든 부채를 청산하라

마태복음 5장 26절의 마지막 "한 푼"은 금전의 실제 분량을 의미하지 않습니다. 오히려 어떤 부채든 청산되지 않으면, 그 사람이 아직 자유롭지 못함을 암시하는 것입니다.

먼저 당신의 형제와 화해하라

이 구절을 더 자세히 살펴봅시다. "그러므로 예물을 제단에 드리려다가 거기서 네 형제에게 원망들을 만한 일이 생각나거든"(23절). 여기 이 말씀은 특히 하나님의 자녀들끼리의 문제들, 형제와 형제 사이의 문제들에 언급하고 있습니다. 그것은 당신이 제단에 당신의 예물을 드릴 때이지, 당신이 기도할 때가 아닙니다. 바로 그 순간에 당신의 형제가 당신에게 어떤 잘못을 범한 것을 기억합니다. 이것은 참으로 하나님의 인도하심입니다. 자주, 이런 성격의 문제에서 성령은 어떤 한 사건을 회상시켜 주시거나, 어떤 적절한 생각을 당신의 마음 속에 넣어 주십니다. 그것이 올 때 그것이 마치 다만 지나가는 그 무엇인양 그 생각을 젖혀 놓지 마십시오. 그러기는커녕 그것을 신실하게 다루십시오.

당신의 형제가 그 일을 어떻게 느끼게 될까 하고 당신이 기억하게 되는 것은, 당신이 그를 화나게 한 것이 틀림없기 때문입니다. 그런 부채는 성격상 물질적인 것일 수도, 아닐 수도 있습니다. 그럼에도 그것은 부채입니다. 당신은 물질적이거나 비물질적인 것과 관련된 어떤 불의한 행동으로 그를 화나게 했을 것입니다. 그렇다면 그는 당신에게 무언가 적대적인 태도를 갖고 있을지 모릅니다. 당신이 화나게 한 사람이나 형제가 당신 때문에 하나님 앞에서 울부짖거나 가슴 아파하면, 당신은 하나님 앞에 교제를 심각하게 방해받고 있는 것입니다.

예물을 제단에 드리려 할 때, 한 형제가 당신에 대하여 거스르는 그 무엇이 있음을 딩신이 기억하게 되면, 당신이 그대로 계속하지 않는 것이 더 좋습니다. 예물을 거기에 두십시오. 그것을 뒤에 드릴 생각으로 하나님과 함께 그것을 거기 두고 떠나는 것이 옳습니다. "먼저 가서 형제와 화목하고 그 후에 와서 예물을 드리라"(24절). 예물은 하나님을 위한 것이더라도 먼저 사람과의 화해가 있어야 합니다. 누구든 사람과 화해하는 일에 실패하면 하나님께 와서 예물을 드릴 수 없습니다. "형제와 화목하고"는 무슨 뜻입니까? 사과에 의해서든 원상회복에 의해서든 그의 노를 가라앉힘을 의미합니다. 그가 적당히 만족하게 되기까지 사과하거나 보상하지 않으면 안 됩니다.

어떻게 사과하고 변상하나?

이제는 우리가 어떻게 사과하고 변상해야 하는지 살펴봅시다.

1. 그 범위

사과나 원상회복하는 이 문제에서 사과나 원상회복의 범위를 결정하는 것은 죄 자체입니다. 우리는 사람들이 극단으로 나가는 것을 원하지 않습니다. 형제자매들이 하나님 말씀에 일치하게 행동하고, 극단적으로 행동하지 않기를 바랍니다. 사탄이 공격을 개시할 근거를 갖게 되는 것은, 과도할 때인 것입니다. 사과의 범위는 그 죄의 범위만큼 커야 합니다. 그 죄가 모두에게 대한 것이면 모두에게 자백하십시오. 그 죄가 한 사람에 대한 것이면, 그 사람에게만 자백하십시오. 그 죄가 모두에 대한 것일 때 한 사람에게 자백하는 것은 충분하지 않습니다. 그 죄가 다만 한 사람에 대한 것이면, 모두에게 자백하는 것은 지나친 것입니다. 그 죄의 범위가 자백의 범위입니다. 물론 증거하는 것은 다른 문제입니다. 나는 개인적으로 자주 죄를 지었습니다. 그러나 가끔은 그것을 형제자매들에게 증거하고 싶어 합니다. 이것은 또 다른 문제이므로 이것을 별도로 다루어야 합니다. 그러나 사과와 원상회복에 대해서는 이 둘은 그 범위가 분명합니다. 이 점을 세심히 주목해야만 합니다.

2. 남들에게 죄를 씌우는 것은 불의

두 사람이 죄를 함께 범하면, 이를테면 도둑질이나, 무언가를 얻기 위해 거짓말을 했다면 사과하거나 변상하는 사람은 다른 사람에게 죄를 뒤집어 씌워서는 안 됩니다. 우리가 어떤 소식이나 정보를 갖고 있든 간에 신뢰를 지켜야 합니다. 신뢰를 깨뜨리는 것은 불의합니다. 누군가가 내게 무언가를 알려주면, 그것은 일정 금액을 내게 맡기는 것과 같습니다. 나는 내 신뢰를 저버릴 수 없습니다. 저버리는 것은 불의이기 때문입니다. 사람들이 당신에게 비밀을 털어놓은 것을 당신이 드러내면 그것은 불의입니다. 그러므로 사과나 변상을 할 때 당신이 불의하게 되지 않도록 다른 사람에게 그것을 덮어씌우지 마십시오.

3. 자백하지 말아야 할 죄

자백하지 말아야 할 죄도 있습니다. 만약 당신의 자백을 들은 사람이 그 한 결과로 그의 평안을 잃는다면, 당신의 양심을 진정시키기 위해서라면 자백하면 안 됩니다. 당신 자신은 평안하게 할지 모르지만 남의 평안을 어지럽히는 일은 하지 말아야 합니다. 이를테면, 한 딸이 자기 어머니에게 죄를 지어 매우 나쁜 일을 행했다고 생각해 보십시오. 그러나 어머니는 이것을 모릅니다. 그녀 모친은 교인이더라도 자기의 구원에 확신이 없으며, 게다가 거친 성질을 갖고 있습니다. 딸이 하나님께 빛을 받아 자기의 죄를 깨닫습니다. 딸은 이 일로 매우 불편해 하고, 그것으로 항상 괴로워합니다. 그래서 딸은 모친에게 범한 죄스런 일을 모친에게 이야기합니다. 자백한 뒤 딸은 마음에 평안을 얻습니다. 그러나 모친은 그날 이후 너무 혼란스러워 화를 내고 밤낮 고함을 지릅니다. 딸은 평안을 얻은데 반하여 어머니는 평안을 잃습니다. 이 원칙은 다음과 같습니다. 남의 평안을 희생시키는 것이라면 당신의 평안을 결단코 얻으려 하지 말라는 것입니다.

4. 책임 있는 형제들과 의논하라

새 신자들은 사과할 때 교회의 책임 있는 형제들과 자주 의논하는 법을 배워야 합니다. 이렇게 해야 새 신자들은 교회의 보호 아래에서 그들이 해야 할 일을 묵과함 없이 적절히 수행할 수 있습니다. 책임 있는 형제들과 의논함으로서 자백해야 할 일들과 자백할 필요가 없는 것들을 그들이 당신에게 알려줄 수 있게 해야 합니다.

5. 변상의 편지

변상에 대해서는, 당신이 갚을 능력이 없을 경우가 있을 수 있습니다. 변상하는 것과 갚을 수 있는 것은 별개의 문제입니다. 당신이 변상할 능력이 없다면, 변상의 편지를 써 보내어야만 합니다. 당신은 정직하게 이렇게 쓸 수 있습니다. "제가 변상하려고 하나 지금은 그렇게 할 형편이 못됩니다. 용서를 구합니다. 변상할 힘이 생길 때 즉시 갚겠습니다." 이 일 또한 행하야 하는 것입니다.

6. 양심을 청결하게 함에 대하여

끝으로, 사과하는 것 때문에 지나친 비난을 받지 않는 것이 중요합니다. 이런 일은 쉽게 있을 수 있는 것입니다. 각자는 주의 피가 그의 양심을 어떻게 깨끗케 하는지를 볼 필요가 있습니다. 그의 죽으심을 통하여, 각자는 하나님 앞에 허물없는 양심을 가질 수 있습니다. 주의 죽으심은 그가 하나님께 가까이 갈 수 있게 해줍니다. 사실입니다. 한편, 세상 앞에 깨끗한 사람이 되기 위해서는 그의 많은 죄들을 처리해야 할 것을 알아야만 합니다. 그가 물질 문제에서든 다른 문제에서든 사람들에게 죄를 지었으면, 그것을 처리할 준비가 되어야 합니다. 하지만, 사탄이 과도한 비난으로 공격하지 못하게 해야 합니다.

제24과
당신의 형제를 회복시키라

암송 구절: 형제들아 사람이 만일 무슨 범죄한 일이 들어나거든 신령한(영적인) 너희는 온유한 심령으로 그런 자를 바로잡고 너 자신을 살펴보아 너도 시험을 받을까 두려워하라.(갈 6:1)

해결되어야 할 한 가지 문제는, 누군가가 우리에게 죄를 짓는다면 우리는 어떻게 해야 하는가 입니다. 지금 고찰하고 있는 문제는, 우리가 남들에게 죄를 범하면 우리는 어떻게 해야 하는가가 아니라, 사람들이 우리에게 죄를 범하면 우리가 어떻게 해야 하는가 입니다. 마태복음 18장 15-35절을 읽으십시오. 이 구절은 이 주제에 대하여 특별한 교훈을 줍니다.

이 구절을 분석함에서 우리는 이 구절이 두 부분으로 구분될 수 있음을 압니다. 용서(21-35절)와 설득(15-20절)입니다. 우리 형제가 우리에게 죄를 범하면, 우리의 첫 번째 책임은 하나님 앞에 그를 용서해 주는 것이고, 두 번째 책임은 그를 하나님 앞에서 설득하는 것이라고 주는 말씀하십니다. 우리는 용서의 이 첫 번째 문제에 대해서는 자주 말을 합니다만, 설득의 두 번째 문제도 똑같이 강조해야 합니다.

첫 번째 책임-용서

"그때에 베드로가 나아와 이르되 주여 형제가 내게 죄를 범하면 몇 번이나 용서하여 주리이까 일곱 번까지 하오리이까"(21절). 우리는 이것을 마태복음에서 뿐만 아니라 누가복음에서도 봅니다. 누가는 이것을 조금 다르게 기록하고 있습니다.

1. 끝없이 용서하라

"너희는 스스로 조심하라 만일 네 형제가 죄를 범하거든 경고하고 회개하거든 용서하라 만일 하루에 일곱 번이라도 네게 죄를 짓고 일곱 번 네게 돌아와 내가 회개하노라 하거든 너는 용서하라 하시더라"(눅 17:3,4절). 이 기록은 마태의 기록과 비슷하지만 똑같지는 않습니다. 마태복음의 말씀이 더 무게 있어 보입니다. 거기서 용서는 일곱 번이 아니라 일흔 번씩 일곱 번입니다. "일흔 번씩 일곱 번"은 하나님의 자녀들이 그들의 형제들을 향해 넓히는 범위가 무제한적임을 의미합니다. 몇 번인지 셈하는 일이 없습니다. 일곱 번이 아니고 일흔 번씩 일곱 번인 것입니다.

누가가 강조하는 요점은 우리에게 죄를 지은 형제가 회개하고 용서를 구하면, 하루에 일곱 번이더라도 우리는 용서하지 않으면 안 된다는 것입니다. 문제는 그의 회개가 참된지 거짓된지가 아닙니다. 우리는 이것을 무시해야 합니다. 그가 회개한다고 말하면, 우리는 용서해주고, 회개의 문제를 그에게 일임하는 것입니다.

2. 관대히 용서하라

주는 그런 다음 23-27절의 한 비유를 들어 설명하십니다. 우리의 주목을 요하는 몇 가지 점들이 있습니다. 우리가 (하나님께) 영원히 빚지고 있는 것은 우리가 갚을 수 있는 능력(한도)을 초과합니다. 우리는 하나님께 일만 달란트를, 즉 갚을 수 있는 우리의 능력을 훨씬 초월하는 빚을 지고 있습니다. 우리는 갚을 것이 조금도 없습니다. 우리 모두는 하나님에 대한 우리 자신의 빚을 바로 평가할 필요가 있어야만, 우리 형제의 빚을 관대히 용서할 수 있습니다. 만약 우리가 하나님께로부터 받은 은혜가 얼마나 큰지 우리가 잊는다면, 우리는 사람들 중 가장 무례한 사람이 됩니다. 사람들이 우리에게 빚지고 있는 것이 얼마나 작은지 보기 위해서는 우리가 하나님께 얼마나 많이 빚지고 있는지를 볼 필요가 있습니다.

주는 우리를 대우하신대로 당신이 남을 대우하시기를 기대하십니다. 하나님은 의의 기준에 따라 당신에게 요구하시지 않으므로, 하나님은 당신이 남들에게 의를 요구하지 않기를 기대하십니다. 주는 당신의 부채(죄)를 긍휼의 기준에 따라 용서해주십니다. 그러므로 그가 당신에게 주신 한도에 따라 당신도 남들에게 주기를 바라십니다. 그가 당신에게 후히 되어 누르고 흔들어 넘치도록 하여 안겨주십니다. 당신도 그렇게 하기를 그가 바라십니다(눅 6:38 참조). 그가 당신을 대우하신 대로 당신의 형제를 대우하기를 바라시는 것입니다.

용서받은 사람이 용서하지 않는 것은 하나님 보시기에 극히 추합니다. 용서 받은 사람이 용서해주지 않는 것, 자비를 받은 사람이 무자비한 것, 은혜를 받은 사람이 은혜롭지 못한 것보다 더 추한 것은 없습니다. 우리는 하나님께서 우리를 대우하신대로 다른 사람들을 대우하도록 하나님 앞에서 배우지 않으면 안 됩니다. 우리가 받은 것으로 너무 겸손해져서 우리가 같은 원칙에 따라 남들을 대우하도록 합시다.

두 번째 책임-설득

나는 하나님의 자녀들 중 용서의 교훈을 배운 사람들이 많다고 믿습니다. 하지만 누구든 우리에게 죄를 지으면, 우리가 모름지기 해야 할 일을 잊는 사람들이 많습니다. 마태복음 18장 15-20절에 의하면, 우리는 형제를 설득하거나 권면하지 않으면 안 됩니다. 우리는 용서해야 할 뿐만 아니라 또한 설득하지 않으면 안 됩니다.

1. 그에게 말하라

"네 형제가 죄를 범하거든."(15절) 하나님의 자녀들이 서로에 대하여 죄를 짓는 것은 흔히 있는 일입니다. 그런 일들이 빈발하지는 않더라도 드문 일은 아닌 것입니다. 주는, 누구든 우리에게 죄를 지을 때 우리가 마땅히 해야 할 일을 우리에게 보여 주시고 있습니다. "가서 너와 그 사람과만 상대하여 권고하라" 누구든 당신에게 죄를 지으면 맨 먼저 해야 할 것은 다른 사람들에게 말하지 말고, 그에게 말해야 한다는 것입니다. 이 말씀을 올바로 이해해야 합니다. 당신과 그가 혼자 됐을 때, 그에게 그의 잘못을 보여 주십시오.

주는 "가서…권고하라"고, 즉 그의 잘못을 그에게 보여주라고 말씀하십니다. 그러나 어떻게 합니까? 주는 당신이 편지를 쓰라고 하시지 않고, 그에게로 가라고 암시하십니다. 당신과 그가 혼자 있을 때 그에게 말을 건네십시오. 이것은 주의 명령입니다. 개인적 죄를 다룰 때, 당신네 두 사람으로 충분한 것입니다. 제 3자는 절대 필요하지 않습니다.

우리는 이 과목을 하나님 앞에서 배웁시다. 우리 자신들을 자제해야만 하며 우리를 화나게 한 형제의 등 뒤에서 말하면 결코 안 됩니다. 회중 앞에서 그를 험담하면 안 됩니다. 당신이 그의 잘못을 보여주는 일은 당신과 그와 혼자 있을 때에 국한해야 합니다. 이렇게 하려면 하나님의 은혜가 필요합니다. 당신이 말할 때 당신은 다른 일들을 말하지 말고 그의 잘못을 그에게 지적해 주어야 합니다. 그의 잘못을 지적해 주는 것은 쉬운 일이 아니지만, 그렇게 해야 합니다. 이것은 하나님의 자녀들이 배우지 않으면 알 될 과목의 하나입니다. 그에게로 가서 말하십시오. "형제여, 당신은 그런 일을 하여 나에게 아픔을 주었소. 당신이 그렇게 한 것은 잘못이었소. 당신은 죄를 지었소.

목적: 당신의 형제를 회복시키기

하나님의 자녀들은 무례(모욕)를 간과하는 법을 배워야 합니다. 그러나 만약 무례를 처리해야만 한다면, 무례한 사람을 직접 다루십시오. 그런 처리 과정에서 우리는 다음의 근본 원칙을 기억해야 합니다. "만일 들으면 네가 네 형제를 얻는 것이요"(16절). 이것이 그렇게 말하는 목적입니다. 동기는 당신의 어려움을 감소시키거나, 무례한 사람으로부터 배상을 요구하는 것이 아닙니다. 그 목적은 당신의 형제를 얻는데 있습니다.

1. 한 두 사람을 데리고 가기

만약 당신의 형제가 당신의 말을 받아들이지 않으면, 주는 "한 두 사람을 데리고 가라"고 하십니다(16절). 이 사람들은 교회의 장로들일 수도 있고, 다른 형제들일 수도 있습니다. 이 시점에서조차 당신은 그것을 누구에게든 이 일을 조금도 말하지 않습니다. 당신은 이것을 경험이 있고, 영적으로 영향력 있는 주 안의 한 두 형제들에게 말합니다. 당신은 이 문제를 그들 앞에 놓고 그들의 조언을 듣습니다. 이 형제가 잘못된 것이 틀림없는가? 당신의 형제들은 이 문제를 어떻게 생각하는가? 이 두 형제가 하나님 앞에 이 문제를 놓고 기도하는 마음으로 생각해 보고, 그들의 영적 분별력에 따라 판단한 후, 그들은 이 형제가 과연 잘못한 것에 동의할 것입니다. 그러면 여기의 문제는 당신의 상처받은 느낌은 더 이상 아니라는 것입니다. 당신은 이 두 세 사람의 증인들을 그 형제에게 데리고 가서 이렇게 말할 수 있습니다. "당신은 이 문제에서 잘못했소, 이 일은 당신의 영적 앞날에 장애가 될 것이요. 당신이 잘못했음을 회개하고 인정하지 않으면 안 됩니다."

"두 세 증인의 입으로 말마다 확증하게 하라"(16절). 이 두 세 증인은 수다스럽거나 함부로 말하는 사람이어서는 안 됩니다. 그런 사람들이 가면, 그들은 존경이나 예우를 받지 못할 것입니다. 그들은 주 안에서 정직하고, 무게 있고, 경험 있고 신뢰할 만한 사람들이어야만 합니다. 그러면 두 세 증인의 입으로 말마다 확증되어집니다.

2. 교회에 말하라

교회의 규칙은, 당신이 개인적으로 이 문제를 해결하는 것이 가장 좋다는 것입니다. 그렇잖으면, 당신은 결백하게 되는 한 가지 방법을 모색해야 합니다. 만약 문제가 사소한 것이면, 당신은 그냥 용서하고 잊을 수 있을 것입니다. 그러나 만약 그것이 교제(친교)에 영향을 주면, 당신은 그것을 다룰 방법을 배우지 않으면 안 됩니다. 만약 당신이 그 일을 개인적으로 다루는데 실패하면, 당신은 그때 두 세 증인을 데려올 수 있습니다. "만일 그들의 말도 듣지 않거든 교회에 말하고"(17절). 여기서 교회는, 교회의 책임 있는 형제들을 사사로이 언급하고 있다고 생각합니다. 당신은 당신과 당신의 형제 사이의 문제를 책임감 있는 형제들에게 말하여 그들의 조언을 구합니다.

만약 교회가 이 문제에 하나가 되고, 교회의 양심이 그 형제를 정죄하면, 그 형제는 잘못된 것이 틀림없습니다. 만약 그가 하나님 앞에 사는 사람이라면, 그는 자신의 의견을 제쳐놓고 두 세 증인의 증언을 받아들일 것입니다. 하지만 만약 그가 그들의 증언도 수용하기를 거절하면, 그는 아무튼 교회의 결정을 받아들여야 합니다. "모든 형제자매가 내가 잘못되었다고 판단하므로 내가 아무리 옳거나 그르다고 판단하든 관계없이 나는 잘못 되었음이 틀림 없습니다."라고 말입니다. 교회의 일치는 주님의 마음입니다. 주가 여기 교회에 계십니다. 그러니까 이것이 주의 판단입니다. 교회가 우리에게 하는 말을 들을 때, 우리가 얼마나 부드러워야 하고, 얼마나 조심하기를 배워야 하겠습니까. 우리는 자신의 느낌을 신뢰해서는 안 되며, 독단적이어서도 안 됩니다. 우리는 교회의 느낌을 받아들여야 하는 것입니다.

제25과
신자의 반응

암송 구절: 그러므로 하늘에 계신 너희 아버지의 온전하심과 같이 너희도 온전하라.(마 5:48)

최소한 우리 삶의 절반은-그 이상이 아니라-반응 가운데 살고 있다고 하겠습니다. 사람들과 이야기를 나누면 우리는 행복한 감이 듭니다. 이것이 반응입니다. 사람들이 이야기할 때, 우리는 화가 나는 수도 있습니다. 이것 역시 반응입니다. 누군가가 어떤 일을 하면, 우리는 그것이 잘못됐다고 생각합니다. 이것 역시 반응입니다. 누군가가 우리를 해치는 일을 합니다. 그러면 우리는 성이 납니다. 이것 또한 반응입니다. 도발을 받으면 화가 납니다. 오해를 받을 때는 자신들을 방어합니다. 냉대를 받으면 참습니다. 이것들 역시 반응입니다. 우리 삶을 분석해 보면 삶의 절반 이상이 반응 가운데 살아가고 있는 것 같아 보입니다.

신자와 불신자의 반응의 차이

　우리 기독교인들 역시 반응 가운데서 삽니다. 하지만 우리의 반응은 비신자들의 그것과는 다릅니다. 한 사람이 어떻게 반응하는가를 관찰함으로서 우리는 그가 어떤 사람인지 판단할 수 있습니다. 기독교인은 비기독교인적 반응을 보여서는 안 됩니다. 비기독교인은 참된 기독교인의 반응을 보일 수 없습니다. 만약 누군가가 어떤 종류의 사람인지를 알고 싶으면, 그가 내타내는 반응의 종류를 살피기만 하면 되는 것입니다.
　신자들의 반응은 다른 사람들의 반응과는 달라야 합니다. 주는 우리가 어떻게 반응해야 하는지와 관련하여 우리에게 책임을 지우시고, 그렇게 행할 힘을 주십니다. 주는 우리가 경솔하게 반응하기를 원치 않으십니다. 기독교인의 생활은 일련의 반응의 생활입니다. 우리가 정당하게 반응한다면, 우리는 훌륭한 기독교인입니다. 그렇잖으면 보잘것없는 기독교인일 것입니다.
　우리가 주를 믿어 구원받은 후, 우리는 기독교인들입니다. 시련과 박해에 직면할 때마다 우리가 어떻게 반응해야 하는지 주는 우리에게 일정한 명령을 주셨습니다. 우리 마음대로 반응할 자유가 우리에게는 없습니다. 기독교인의 삶은 물론, 기독교인들의 반응은 하나님의 관리 아래에 있어야 합니다. 하나님이 우리의 반응을 통제하시면, 우리는 멋대로 반응하지 못할 것입니다. 그가 우리에게 명하심에 따라 우리가 반응하게 될 것입니다. 반응하는 것은 우리 안의 그의 생명, 그가 우리에게 주신 생명인 것입니다.

산 위에서의 주의 가르침

구약시대의 백성은 율법 시대에서 어떻게 반응했습니까? "또 눈은 눈으로, 이는 이로 갚으라 하였다는 것을 너희는 들었으나"(마 5:38). 이 문구는 단순합니다. 그것은 반응에 대해 말씀합니다. 누구든 내 눈을 해치면, 나도 그의 눈을 해칠 것이고, 누구든 내 이를 부러뜨리면, 나도 그에게 같은 것을 행하겠다. 네가 무언가를 해쳤으니 나도 그렇게 한다. 이것이 반응입니다. 구약성경은 율법 아래에서 이런 종류의 반응을 보입니다.

그러나 신약성경은 다른 종류의 반응을 보입니다. 주께서 "나는 너희에게 이르노니 악한 자를 대적하지 말라"(39절)고 말씀하십니다. 당신의 반응은 달라야 합니다. 당신은 악한 자를 대적(저항)하지 말아야 합니다.

우리가 기독교인이 되기 전에도, 우리는 반응을 했습니다. 그러나 이제 우리는 전날에서처럼 반응해선 안 됩니다. 우리는 기독교인으로서 반응해야만 합니다.

"네게 구하는 자에게 주며 네게 꾸고자 하는 자에게 거절하지 말라".(48절) 이 말씀들은 모두 반응입니다. 만약 누구든 당신에게 구하면, 그것을 그에게 주십시오. 누구든 당신으로부터 꾸고자 하면, 당신이 줄 수 있는 것을 갖고 있지 않으면 몰라도 그를 그냥 돌려보내지 마십시오.

"또 네 이웃을 사랑하고 네 원수를 미워하라 하셨다는 것을 너희가 들었으나"(43절). 이 말씀은 율법 아래에 있던 사람들의 반응입니다. 만약 당신이 내 이웃이라면 나의 반응은 사랑입니다. 그러나 당신이 내 원수라면, 내 반응은 미움입니다.

"나는 너희에게 이르노니 너희 원수를 사랑하며".(44절) 기독교인의 반응은 다릅니다. 그는 당신의 원수입니다. 그러나 당신은 그를 사랑합니다. "너희를 박해하는 자를 위하여 기도하라." 그가 나를 박해하는데에 여념이 없습니다. 그러나 나의 반응은 그를 위해 기도하는 것입니다.

"이와 같이 한즉 하늘에 계신 너희 아버지의 아들이 되리니 이는 하나님이 그 해를 악인과 선인에게 비추시며 비를 의로운 자와 불의한 자에게 내려주심이라"(45절). 이 말씀도 반응입니다. 하나님은 악인이게도 선인에게처럼 해를 비추십니다. 악인에게도 선인에게처럼 비를 내리십니다. 그의 반응은 한결같습니다. 하나님은 사람들에게 악한 반응을 보이시지 않습니다.

"너희가 너희를 사랑하는 자를 사랑하면 무슨 상이 있으리요 세리도 이같이 아니하느냐"(48절). 당신이 사랑하는 사람들에게 사랑으로 반응하면 무슨 보상을 받겠습니까? 세리들(세금 징수인들)도 같은 일을 행합니다. 당신이 세리들과 다른 데가 없다면 그런 반응은 너무 쉽고, 너무 값싸고, 너무 저급합니다.

"또 너희가 너희 형제에게만 문안하면 남보다 더하는 것이 무엇이냐 이방인들도 이같이 아니하느냐?"(47절). 여기서 그와 나는 형제입니다. 그러니까 나는 그에게 인사를 합니다. 그러나 만약 우리들 사이에 무언가가 문제되고 있으면 나는 그에게 말조차 하려고 하지 않을 것입니다. 그렇다면 나는 이방인들과 다릅니까? 그런 반응은 너무 저급해서, 이방인들과 같은 것입니다.

"그러므로 하늘에 계신 너희 아버지의 온전하심과 같이 너희도 온전하라."(48절). 이 말씀은 반응의 문제에서 우리가 하나님과 같아야만 한다고 말씀하시고 있습니다.

반응의 기본 원칙

마태복음의 이 문구를 간략히 살펴보고 나서 기독교인의 반응의 기본 원칙이 무엇인지 우리는 이제 알 수 있게 됐습니다. 통상적인 문제들에 대한 사람의 반응을 세 차원으로 구분할 수 있을 것입니다. 첫째로 이성의 차원, 둘째로 선한 행실의 차원, 셋째로 하나님의 생명의 차원입니다. 이성의 차원에서 사는 사람은 신경질적으로 그리고 분노로 반응할 것입니다. 선한 행동의 차원에서 사는 사람은 참을성 있게 반응할 것입니다. 그러나 하나님의 거룩하신 생명으로 사는 사람은 초월적으로 반응할 것입니다.

만약 누군가가 당신의 오른편 뺨을 때리면, "왜 때려요?"라고 말할 것입니다. 당신의 가슴은 추리로 가득할 것입니다. 뺨을 얻어맞고, 당신은 화가 나고, 따라서 당신은 그렇게 한 사람에게 따질 것입니다. 당신은 이성의 차원에 서 있습니다. 당신의 반응은 분노와 냉정의 상실입니다. 또는 기독교인들은 훌륭하게 처신해야 하니까, 성내는 것은 나쁘다는 사실을 당신은 알고 있을 것입니다. 그래서 당신은 누군가에게 옷을 벗긴 사람처럼 행동합니다. 즉 당신은 인내로 참으며, 한 마디 말없이 그들이 그 옷을 가져가게 한다는 것입니다. 당신은 기독교인으로서 인내하는 것 외에 아무것도 할 수 없다고 느끼는 것입니다. 그런 반응은 냉정을 잃는 것보다는 나은 것 같아 보입니다. 그러나 주는 아직 다른 종류의 반응이, 그가 우리에게 기대하시는 반응이 있다고 말씀하십니다.

주가 우리를 위해 정해주신 반응은 사람들이 우리의 뺨을 칠 때 성을 내는 것도, 남들이 우리 옷을 벗겨갈 때 인내하려 힘쓰는 것도 아닙니다. 주는, 사람들이 10리를 가도록 강요하면, 인내 있게 그렇게 하라고 말씀하시지 않았습니다. 그 대신 주는, 그에게 왼편 뺨을 돌리라고 말씀하십니다. 또는 그가 당신의 속옷을 원하면, 겉옷도 주라고 하십니다. 현대적 용어로 말하면, 그가 당신의 셔츠를 가지고자 하면 그에게 코트도 주라는 것입니다. 그가 10리를 가자고 강요하면, 20리를 가주라는 것입니다. 그런 반응은 인내라고 표현하지 않고, 초월이라고 표현합니다. 그것은 사람들의 요구를 능가하는 것입니다. 사람은 다만 그만큼만 요구하지만, 우리가 하나님 앞에 있기 때문에 우리는 그(사람)의 요구보다 훨씬 더 준다는 것입니다. 이것은 참는 것만이 아니라 사람의 요구를 초월하는 것입니다.

형제자매님들, 나는 당신이 그리스도를 믿은 첫날로부터 신자의 생명(삶)이 무엇인지를 당신이 알기를 원합니다. 주는, 기독교인들은 다만 한 가지 반응만을 가져야함을 우리에게 보여 주셨습니다. 이 반응은 추리도, 인내도 아니고 초월입니다. 그것이 초월적인 것이 아니라면 그것은 기독교적이 아님을 기억하십시오. 인내하는 것으로는 기독교인에게 불충분합니다. 주는 더 이상 눈은 눈으로라고 말씀하시지 않습니다. 누군가가 내 눈을 해치면, 나는 그의 눈을 해칠 것입니다. 하지만 주는 그 대신 다른 눈을 더하라고 말씀하십니다. 누군가가 내 눈을 해치면, 나는 그에게 다른 눈을 줍니다. 기독교인의 반응은 되돌려 쳐 복수하는 것도, 그것을 참고 견디어 인내하는 것도 아님을 보십니까? 그것은 또한 눈도 준다는 것입니다.

그러면, 기독교인의 반응은 어떤 것입니까? 기독교인의 반응은 옳은 것이나 선한 것을 한다는데 있지 않고, 초월적인 것을 하는데 있습니다. 하나님의 자녀가 박해를 받고 압박을 받고, 좌절할 때, 그는 더 높은 데로 올라갑니다. 당신이 헤치고 나가는 순간에 넘어지면 얼마나 가엾은 일입니까? 침착을 잃고 다투고, 심지어 참고 견디는 것은 참으로 애석한 일입니다. 당신이 벽에 기대어 심히 짓눌리는 시간은 당신이 일어설 시간입니다. 이것이 기독교인이라고 당신에게 말씀드리려고 합니다.

삶의 반응과 관련하여 두 가지 필요한 것

끝으로 이 같이 반응하는 삶과 관련해서 특별히 주목해야 할 두 가지를 말씀드리겠습니다.

1. 시험에 들지 않도록 매일 기도하라

우선 우리는 주께 우리를 시험에 들게 마시옵고 악한자로부터 구해주시도록 날마다 기도 드릴 필요가 있습니다. 이 같은 삶의 원칙을 지니고서는 세상의 평가에 따라서는 전혀 살아갈 수 없게 됩니다. 주께서 우리에게 주신 반응은 땅에서는 불가능한 것입니다. 우리 자신의 힘으로 몇 번 시도해보고 나서 우리가 갖고 있는 자원이나 방편은 모두 가버릴 것입니다. 이런 이유로 주는 산 위의 가르치심에서 다음 같은 기도를 삽입하십니다. "우리를 시험에 들게 하지 마시옵고 다만 악에서 구하시옵소서"(마 6:13). 오로지 주의 보호하심에 의해서만 우리가 이 세상에서 살아갈 수 있습니다. 그의 보호하심이 없이는 하루도 살 수 없습니다. 이런 까닭에 이 기도는 필수적입니다. 우리가 그런 삶을 살지 못했거나, 그런 반응을 보이지 못하더라도 상관이 없을 것입니다. 그러나 우리가 하나님의 생명으로 살아간다면, 우리는 이 기도를 날마다 해야 하는 것입니다.

2. 적절한 기독교인의 반응을 유지하라

우리는 말썽거리를 추구하지 않습니다. 그러나 하나님의 허락하심이나 성령의 통제를 받아 그런 상황에 직면하게 되면, 그것이 불신자들로부터 오든 신자들로부터 오든 우리는 뒤로 물러서서는 안 됩니다. 우리는 적절한 반응을 유지해야만 합니다.

내가 지금까지 드린 말씀만으로 충분하다고 믿습니다. 기독교인의 삶은 놀라운 것입니다. 당신이 더 박해를 받고, 괴롭힘을 받고, 부당한 대우를 받을수록, 당신은 하나님 앞에 더욱 행복해집니다. 이것만이 행복의 길입니다. 시험해 보시겠습니까? 당신이 어떤 사람을 때리면, 당신은 편안한 감이 느껴지겠습니까, 불안감이 느껴지겠습니까? 그럴 때 당신은 매를 맞는 것이 너 낫습니다. 만약 당신이 한 형제를 때리는데, 그가 즉시 다른 뺨을 내게 돌리면 나는 한 달 내내 불안할 것입니다.

　기독교인으로서 사람들의 약점을 이용하며 땅 위에 살지 마십시오. 만약 당신이 사람들을 이용한다면, 당신은 어느 때엔가는 최소한 하나님 앞에서 손실을 당할 것입니다. 당신이 영적으로 일어설 수 없을 것이기 때문입니다. 맞는 것이 더 낫습니다. 그러면 당신은 잘 자고, 잘 먹고, 잘 노래하게 될 것입니다. 이익을 취하는 것이 진정 이로운 것이라고 생각하지 마십시오. 우리가 만약 바르게 반응한다면, 우리가 바르게 걸어가게 될 것이라고 믿습니다. 이것은 간과되어서는 안 될 삶의 한 기본 원칙입니다.

제26과
구출

암송 구절: 이는 그리스도 예수 안에 있는 생명의 성령의 법이 죄와 사망의 법에서 너를 해방하였음이라. (롬 8:2)

　주를 믿는 신자는 죄에서 즉각 구출 받게 될 것입니다. 하지만 이런 체험을 모든 새 신자들이 반드시 받는 것은 아닙니다. 주를 처음으로 의지한 후 죄에서 구출 받지 못하는 사람들이 많습니다. 그 대신 그들은 자신들이 죄에 빠지는 것을 자주 보게 됩니다. 그들이 구원 받은 것과, 그들이 주께 속하는 것과, 영생을 받은 것에 대해서는 조금도 의심할 바 없습니다. 하지만, 그들이 자주 죄로 크게 어지럽힘 받는 어려움은 여전히 그대로입니다. 이 때문에 그들은 원하는 것만큼 주를 섬길 수 없게 됩니다.
　구원받은 사람이 계속되고 있는 그의 죄로 어지럽힘 받는 것은 매우 고통스런 일입니다. 그가 하나님의 빛을 받은 이후 그의 양심은 민감해졌습니다. 그 안에는 죄를 정죄하는 생명이 있습니다. 그러므로 그는 죄의식을 갖고 있습니다. 그는 그의 부패성을 깊이 느끼고 자기를 혐오합니다. 이것은 참으로 극히 고통스런 경험입니다.

하나님의 말씀은 우리가 죄를 극복해야(overcome) 한다고 말씀하시지 않습니다. 그 대신 우리가 죄에서 구출 받아 자유로워져야만 한다고 말씀합니다. 이것이 성경 말씀입니다. 죄는 사람들을 붙잡고 있는 한 가지 세력입니다. 우리가 그 힘을 파괴한다는 것이 아니라 그것에서 구출 받게 되어 있습니다. 우리는 그것을 죽일 수는 없지만, 주께서 그 세력에서 벗어나게 해주셨습니다.

죄의 법

내가 행하는 것을 내가 알지 못하노니 곧 내가 원하는 것은 행하지 아니하고 도리어 미워하는 것을 행함이라 만일 내가 원하지 아니하는 그것을 행하면 내가 이로써 율법이 선한 것을 시인하노니 이제는 그것을 행하는 자가 내가 아니요 내 속에 거하는 죄니라 내 손 곧 내 육신에 선한 것이 거하지 아니하는 줄을 아노니 원함은 내게 있으나 선을 행하는 것은 없노라 내가 원하는 바 선은 행하지 아니하고 도리어 원하지 아니하는 바 악을 행하는도다 만일 내가 원하지 아니하는 그것을 하면 이를 행하는 자는 내가 아니요 내 속에 거하는 죄니라 그러므로 내가 한 법을 깨달았노니 곧 선을 행하기 원하는 나에게 악이 함께 있는 것이로다 내 속사람으로는 하나님의 법을 즐거워하되 내 지체 속에서 한 다른 법이 내 마음의 법과 싸워 내 지체 속에 있는 죄의 법으로 나를 사로잡는 것을 보는도다 오호라 나는 곤고한 사람이로다 이 사망의 몸에서 누가 나를 건져 내랴 우리 주 예수 그리스도로 말미암아 하나님께 감사하리로다 그런즉 내 자신이 마음으로는 하나님의 법을 육신으로는 죄의 법을 섬기노라.(롬 7:15-25)

당신은 로마서 7장의 열쇠를 발견할 필요가 있습니다. 15절에서 20절까지에서 이 같은 말씀들이 사용되었습니다. "내가 원하는", "내가 원하지 아니하는", "내가 미워하는(원하지 아니하는)", "내가 원하는 바 선", "내가 원하지 아니하는 악" 등 줄곧 되풀이 되는 사상은 "원하는", "원하지 아니하는 바"입니다. 그러나 21절에서 25절은 다른 점을 보여줍니다. "원하는" 또는 "원하지 아니하는"이 강조되지 않고, "법", "내 지체 속의 한 다른 법", "내 지체 속에 있는 죄의 법으로 나를 사로잡는 것을 보는도다", "내 자신이 마음으로는 하나님의 법을 육신으로는 죄의 법을 섬기느니라"가 계속 되풀이 되는 것을 봅니다. 당신 앞의 이 두 가지 강조점을 계속 지켜 보면, 당신은 이 문제를 해결할 수 있을 것입니다.

15절에서 20절까지에서 바울은 극복하기를 원하지만 전적으로 패배를 당합니다. 이것은 승리의 길이 "원하거나", "원하지 않는 것"에 있지 않음을 보여줍니다. 승리는 사람의 의지를 통해 발견하게 되어 있지 않은 것입니다. 바울은 의도하고, 의도합니다. 그러나 패배에서 끝납니다. 그러므로 당신이 선을 행할 의지나 원함을 갖고 있기만 하면 만사가 잘 될 것이라고 생각하지 마십시오. 원하는 것은 당신에게 있지만, 행하는 것은 당신에게 있지 않습니다. 당신이 할 수 있는 것은 고작 원하는 것입니다. 하지만 이것이 별 소용이 없는 것입니다.

그러나 21절 다음에서 바울 자신은, 선을 행하려는 그의 의지가 성공하지 못함을 발견합니다. 그 이유는 죄가 한 법이기 때문입니다. 죄는 한 가지 법이므로 의도하는 것은 헛된 것입니다. 바울은 자기의 패배의 원인을 보여줍니다. 그가 선을 행하고 싶어 하나 악이 그에게 존재한다고 설명하는 것입니다. 그는 속사람을 따라 하나님의 법을 기뻐합니다. 그러나 육신으로는 그가 죄의 법을 섬기는 것입니다. 그가 언제든 하나님의 법을 기뻐하기로 결정할 때마다 그의 지체들 중의 다른 법 곧 죄의 법이 그를 포로로 사로잡습니다. 그가 선을 행하려 의도할 때마다 악이 존재하는 것입니다. 이것은 법인 것입니다.

여러 해 동안 기독교인이었지만 죄가 매우 위압적인 힘 또는 지배력임을 보지 못하는 사람들이 많습니다. 그들은 죄를 법으로 보지를 못합니다. 나는, 새로 구원 받은 형제자매들이 이것, 곧 성경에서는 물론 경험에서도 죄가 한 가지 법임을 보게 되기를 소망합니다. 죄는 한 영향력이요, 힘일 뿐만 아니라 법입니다. 바울은 그의 의지가 법에 대항하여 싸우는 것이 얼마나 헛된가를 발견한 것입니다.

법을 극복하지 못하는 의지의 무능

의지는 사람의 내적 힘인 반면, 법은 한 자연법(만인법)입니다. 둘 다 힘입니다. 사람들이 이 법의 문제를 이해하는 것을 돕기 위해 나는 한 가지 실례를 들겠습니다. 지구가 중력을 발휘함을 우리는 압니다. 이 중력의 힘은 하나의 법입니다. 왜 그것을 법이라고 부릅니까? 그것이 항상 그러하기 때문입니다. 우연한 것은 법이 아닙니다. 간헐적인 것은 역사적 사건일 수는 있어도 법은 아닙니다.

모든 법은 자연법칙 곧 사람의 노력에 의하지 않는 힘을 갖고 있습니다. 지구의 중력을 한 실례로 들 수 있을 것입니다. 어디서든 내가 떨어뜨리면, 그것은 아래로 내려갑니다. 나는 그것을 아래로 내려 누를 필요가 없습니다. 그것을 아래로 내려가게 하는 자연의 힘이 있기 때문입니다. 법칙 배후에는 자연의 힘이 있는 것입니다.

그러면 의지란 무엇입니까? 의지는 사람의 결의, 사람의 결정입니다. 그것은 사람이 결정하는 것, 또는 소원하는 것, 또는 의도하는 것입니다. 의지를 발휘한다는 것은 그것의 힘이 없이는 안 되는 것입니다. 만약 내가 어떤 일을 하기로 결정한다면, 나는 그것을 하기로 착수하는 것입니다. 내가 걷기로 결심하면, 나는 걷습니다. 내가 먹기로 작정하면, 나는 먹습니다. 한 사람으로서 나는 의지를 갖고 있으므로 내 의지는 힘을 산출하는 것입니다.

그러나 의지력과 법의 힘은 다릅니다. 법의 힘은 자연의 힘인 반면, 의지의 힘은 사람의 힘입니다.

로마서 7장의 주제는 법과 의지와의 대조입니다. 그 주제는 매우 단순합니다. 그것은 다만 의지와 법의 갈등만을 다루고 있는 것입니다. 앞서 바울은 죄가 법이라는 것을 의식하지 못했습니다. 바울은 이 진리를 발견한 성경의 맨 첫 번째 사람입니다. 바울은 "법"이란 말을 처음 사용한 사람입니다. 사람들은 중력이 법임을 압니다. 열의 팽창 역시 법입니다. 그러나 그들은 죄가 법이라는 것을 알지 못합니다. 처음에는 바울조차도 이것을 알지 못했습니다. 죄를 되풀이해서 지은 후에야 그의 몸에 그를 죄로 끌어당기는 한 힘 또는 세력이 있음을 발견합니다. 그는 일부러 죄를 범하지는 않았습니다. 그러나 그의 몸의 죄의 세력이 그를 끌어당겨 죄를 짓게 했습니다.

　　주가 당신에게 자비를 베푸시어 당신의 눈을 여시고 죄가 과연 법이라는 것을 볼 수 있게 하실 때 그것은 큰 발견인 것입니다. 당신이 이것을 본다면, 승리는 멀지 않습니다. 당신이 단순히 죄를 한낱 행동의 문제로 생각한다면, 당신은 다음번에는 그것을 극복하기 위하여 더 기도하고 저항하기로 힘을 쓸 것이 틀림없습니다. 그러나 그것은 헛된 것입니다. 죄의 힘이 강하고 변함없는 것과 반대로, 우리의 힘은 약하고 의뢰할 수 없는 것입니다. 죄의 힘이 항상 승리하는데 반해, 우리의 힘은 패배당합니다. 죄의 승리가 법인데 비해, 우리의 패배 역시 법인 것입니다. 내가 선을 행하려 할 때 악이 나타나는 것입니다. 바울은 이것이 한 법, 정복할 수 없는 법임을 발견했다고 말씀합니다.

승리의 길

사람이 자기 의지를 발휘함을 통해서는 구출 받지 못함을 우리는 압니다. 그가 그의 의지력을 사용할 때, 그는 하나님의 구출의 방법을 신뢰할 수 없게 됩니다. 그는 자기 자신을 하나님께 복종시키게 될 날을 기다려야 하고, 그가 철저히 미완성이라고 고백하게 되는 것입니다. 그런 다음 그는 이렇게 기도하게 될 것입니다. "주여, 저는 다시 시도하지 않겠습니다."라고 말입니다. 언제든 그가 방법을 찾지 못하고 방법을 찾을 생각을 할 때마다 그는 그를 돕도록 그의 의지력을 의지하게 될 것입니다. 그가 의지의 도움을 요청하기를 포기할 때는 그에게 방법이 없으며, 그가 방법을 찾지 않으려는 것을 인정할 때에 한하는 것입니다. 그럴 때 그는 진정한 구출을 받는 방법을 보기 시작할 것입니다.

바울은 로마서 7장에서 우리의 싸움이 헛된 것이라고 말씀했습니다. 누가 법을 극복할 수 있겠습니까? 따라서 8장 시작 부분에서 그는 이렇게 말씀합니다. "그러므로 이제 그리스도 예수 안에 있는 자에게는 결코 정죄함이 없나니 이는 그리스도 예수 안에 있는 생명의 성령의 법이 죄와 사망의 법에서 너를 해방하였음이라"(롬 8:1-2). 당신은 죄가 한 법임을 보았습니다. 당신은 사람의 의지가 그 법을 극복하는 것이 가능하지 않음도 본 바 있습니다. 그러면 승리의 길, 구출의 길은 어디에 있습니까?

승리의 길은 여기에 있습니다. "그러므로 이제 그리스도 예수 안에 있는 자에게는 결코 정죄함이 없나니". 헬라 원어로 "정죄"란 말에는 두 가지 다른 용법이 있는데, 하나는 법적 용법이고, 또 하나는 시민적 용법입니다. 이 말이 법적으로 사용될 때에는 성경에서 보이는 정죄란 용법입니다. 그러나 시민적 용법에서는 "무능하게 하는" 또는 "장애"란 뜻입니다. 성경의 이 부분의 문맥에 따라, 시민적 용법이 더 명백함이 틀림없습니다.

우리는 더 이상 장애자가 아닙니다. 왜 그렇습니까? 주 예수 그리스도께서 우리를 구출해 주셨기 때문입니다. 주께서 이 일을 이미 이루어 주셨습니다. 하지만 주가 이 일을 어떻게 이루십니까? 매우 간단합니다. 두 번째 절이 이것을 설명해 주기 때문이지요. "이는 그리스도 예수 안에 있는 생명의 성령의 법이 죄와 사망의 법에서 너를 해방하셨음이라." 이것이 승리의 길(방법)입니다.

새 신자들로 하여금 성령이 그들 안에 내재하는 하나의 법이심을 볼 수 있게 하옵소서. 누군가가 죄에서 구출을 받으려면, 그는 그 구출을 향해 자연스럽게 와야 합니다. 그가 자기 의지를 발휘하여 구출을 받으려고 애를 쓰면, 그는 다시 패배하게 될 것입니다. 그러나 그리스도 예수 안에 있는 사람들은 더 이상 장애 가운데 있지 않습니다. 예수 그리스도 안에 있는 생명의 성령의 법이 그들을 죄의 법과 죽음의 법에서 자유하게 했기 때문입니다. 그것은 모두 이렇게 단순하고 이렇게 자연스러운 것입니다.

생명의 성령의 법은 예수 그리스도 안에 있고, 나 역시 지금 그리스도 예수 안에 있습니다. 그러므로 이 법에 의하여 나는 죄와 사망의 법에서 자유하게 되었습니다. "그러므로 이제 그리스도 예수 안에 있는 사람들에게는 무능력하거나 장애된 자가 없습니다." 로마서 7장의 그 사람은 "장애자"란 표가 붙어있습니다. 그러나 늘 약하고 항상 죄를 범하는 이 장애자가 이제는 더 이상 그리스도 예수 안에서 장애자가 아니라고 바울이 말씀합니다. 어떻게 그렇습니까? 예수 그리스도 안에 있는 생명의 성령의 법이 죄와 사망의 법에서 해방시켰기 때문입니다. 그러므로 더 이상 장애가 없습니다. 당신은 지금 이 구출의 문제가 어떻게 완전히 해결됐는지 보십니까?

제27과
우리의 생명

암송 구절: 내가 그리스도와 함께 십자가에 못 박혔나니 그런즉 이제는 내가 사는 것이 아니요 오직 내 안의 그리스도께서 사시는 것이라 이제 내가 육체 가운데 사는 것은 나를 사랑하사 나를 위하여 자기 자신을 버리신 하나님의 아들을 믿는 믿음 안에서 사는 것이라.(갈 2:20)

 골로새서 3장 4절, 빌립보서 1장 21절, 갈라디아서 2장 20절을 크게 오해하는 사람들이 많습니다. 특히 뒤의 두 서신을 오해합니다. 빌립보서 1장에서 바울은 "이는 내게 사는 것이 그리스도니"라고 합니다. 그에게 이것은 한 가지 사실입니다. 그러나 오늘 하나님의 자녀들 가운데 한 가지 큰 오해가 있습니다. 그들은 "내게 사는 것이 그리스도니라"가 도달해야 할 한 가지 목표라고 생각하는 것입니다. 그들은 이 목표에 도달하기 위해 그렇게 살도록 노력해야만 한다는 것입니다. 그것은 도달해야 할 한 가지 기준인 것입니다.

이것이 그들의 기대가 되고 있습니다. 하지만 바울은 여기서 "내게 사는 것이 그리스도이다"가 그의 목표라고 말씀하고 있지 않음을 기억합시다. 바울은 자기가 이 목표에 도달하기 전에 여러 해를 통과하고, 시련과 하나님의 처리를 받아야만 한다고 말씀하고 있지 않습니다. 바울이 말씀하고 있는 것은, 그가 사는 이유가 그리스도라고 하는 것입니다. 그리스도 없이 그는 조금도 살 수 없습니다. 이것은 그의 목표가 아니라 현재 그의 상태를 서술하고 있습니다. 이것은 그의 소망이 아니라, 그의 생명(삶)의 비결합니다. 그의 생명(삶)은 그리스도이시고, 그리스도가 그 안에 사시기 때문에 그가 사는 것입니다.

갈라디아서 2장 20절은 기독교인들 사이에 낯익은 또 한 구절입니다. 이 구절에 대하여 많은 사람들이 오해를 하는데, 빌립보서에 대한 오해보다 더 큰 편입니다. 다시, 그들은 이 구절을 그들의 목표로, 그들의 기준으로 받아들입니다. "이제는 내가 사는 것이 아니요 오직 내 안에 그리스도께서 사시는" 지점에 도달하기 위해 그들이 얼마나 기도하고, 기다리고, 고대하고 있습니까.

그러나 갈라디아서 2장 20절이 한 가지 소망입니까? 그것이 목표입니까? 그것이 도달해야 할 기준입니까? 그렇게 생각하는 사람들이 많습니다. 그들은 어떤 날 그들이 더 이상 살지 않고 그리스도가 그들 안에 사시게 될 지점에 도달하게 될 것을 소망하고 있는 것입니다. 이것이 그들의 목표가 되고 있습니다. 그들이 깨닫는 일에 실패하는 것은, 이것이 하나님의 승리의 길(방법)이지, 한 목표나 기준이 아니라는 것입니다. 그것은, 내가 살기 위해서 행해야 할 것을 말씀하고 있지 않으며, 내가 살도록 하기 위해 내가 할 수 있는 그 무엇을 말씀하고 있지도 않은 것입니다.

갈라디아 2장 20절은 한 기준이나 목표가 아닙니다. 그것은 그로 하여금 그의 극도의 힘을 발휘하게 하는, 사람 위에 높이 설정된 그 무엇이 아닌 것입니다.

1. 대속적 삶을 통한 승리

삶의 비결이란 무엇입니까? 그것은, 승리의 길은 목표가 아니라 한 과정이란 뜻입니다. 과정과 목표를 혼동하지 마십시오. 이것이 하나님께서 우리에게 주신 놀라운 은혜입니다. 이것이 패배자가 극복하고, 부정한 자가 깨끗해지고, 속된 자가 거룩해지고, 세속적인 자가 천국적인 자가 되고, 육적인 자가 영적으로 되는 방법입니다. 그것은 목표가 아니라, 길입니다. 이 길은 대리적 삶을 통하는 데에 놓여 있습니다. 그리스도께서 죽음에서 우리의 대리인이신 것 같이 생명(삶)에서도 우리의 대리인이십니다.

기독교인의 삶을 시작할 때, 우리는 주 예수께서 십자가에서 우리 죄를 짊어지심으로서 그의 죽으심을 통해 우리가 죽음으로부터 어떻게 구출 받았으며, 우리 죄가 어떻게 용서받았으며, 우리가 어떻게 더 이상 정죄 받지 않는지를 본 바 있습니다. 오늘 바울은, 그리스도가 우리 안에 사시기 때문에 내가 사는 것에서 구출 받았다고 말씀해 줍니다. 여기의 의미는 단순합니다. 그가 내 안에 사시므로 나는 더 이상 살 필요가 없다는 것입니다. 그가 나를 위해 십자가에 죽으신 것 같이 지금 그가 내 대신 내 안에 사시고 있습니다. 이것이 승리의 비결입니다. 이것이 바울의 비밀입니다. "바울은 내가 살 필요가 없을 것이라고, 즉 내가 소망한다거나, 내가 그로 하여금 사시게 할 수 있음을 내가 소망한다."라고 말씀하시지 않습니다. 바울은 그냥 "이제는 내가 사는 것이 아니고 내가 그가 사시도록 했기 때문입니다. 사는 것은 더 이상 내가 아니요, 내 안에 사시는 그리스도이십니다."라고만 말씀하십니다.

그리스도께서 그 안에 사실 수 있기 때문에 사람이 자기 스스로 살 필요가 없음을 우리가 볼 수 있도록 하나님께서 우리에게 빛을 비추어 주시기를 기도해야 합니다. 당신이 죽을 필요가 없었다는 말을 들었던 날 당신은 이것이 위대한 복음이었음을 느꼈습니다. 이제 다시 어떤 날, 당신은 살 필요가 없다는 말을 듣고 있습니다. 이것 또한 위대한 복음입니다.

죽음은 고통스럽습니다. 그러나 우리가 하나님 앞에 살려고 애쓰는 것 역시 고통스럽습니다. 하나님의 성결과 사랑과 성령, 또는 십자가에 대해 아무 것도 모르는 우리 같은 사람들이 어떻게 하나님의 임재 앞에 살 수 있습니까? 그런 무거운 짐은 견딜 수 없는 것입니다. 우리가 오래 살수록 우리는 더욱 탄식하게 됩니다. 우리가 더 오래 살수록 우리는 더욱 좌절하게 됩니다. 하지만 오늘 당신에게 전해진 복음은 당신이 살 필요가 없다는 것입니다. 하나님께서 당신이 사는 것을 면제해 주신 것입니다. 이것이 참으로 위대한 복음입니다.

2. 내가 아니라 그리스도

우리가 죽을 필요가 없다는 것이 기쁜 소식인 것 같이 우리가 살 필요가 없다는 것 역시 기쁜 소식입니다. 한 사람이 기독교인으로 살려고 애쓰는 것은 진정 지치게 하는, 불가능한 과업입니다. 참을성 없고, 성깔 못된 교만한 사람에게 겸손하게 살라고 하는 것은 곧이어 그를 지치게 할 것입니다. 그는 겸손해지려 애씀으로써 지치게 될 것입니다. 로마서 7장의 그 사람이 지치는 것은 이상한 일이 아닙니다. "원함은 내게 있으나 선을 행하는 것은 없노라." 날마다 선을 행하려 하나, 그것을 행할 수가 없습니다. 이것은 얼마나 지치게 합니까. 그런데 어떤 날 복음을 듣습니다. 그가 선을 행하기를 기대하지 않는다고 주가 그에게 말씀하시는 것입니다. 오오, 이것은 위대한 복음입니다. 주는 당신이 선을 행할 것을 원하시지 않습니다. 주는 당신에게 오셔서 당신 안에 사시기를 원하십니다. 문제는 어떤 선이 있느냐 없느냐가 아니라, 선을 누가 행하느냐 하는 것입니다.

당신이 하나님 앞에 살려고 애쓰는 것은 고통스럽습니다. 당신은 결코 주의 요구를 만족시킬 수 없기 때문입니다. 당신은 이렇게 고백해야 합니다. "주님이시여, 당신은 굳은 사람이라 심지 않은 데서 거두고 헤치지 않은 데서 모으는 줄을 내가 알았으므로"(마 25:24). 당신은 하나님의 요구에 전혀 응답할 수 없는 것입니다.

그러므로 하나님의 길과 나를 위한 하나님의 비결은, 내가 주 예수를 닮도록 추구하는데 있지 않으며, 내가 그리스도처럼 되도록 나의 간청에 응하시어 나에게 능력을 분배해 주시는데도 있지 않습니다. 나를 향하신 하나님의 길은, 바울의 표현대로 "이제는 내가 사는 것이 아니요 내 안에 계신 그리스도께서 사시는 것이라"에 있는 것입니다. 그것은 그리스도를 닮는 생활도, 능력을 부여받는 생활도 아니요, 그것은 대속적 삶인 것입니다. 그것은 더 이상 당신이 아닙니다. 하나님께서는 당신이 그 앞에 살도록 허락하시지 않을 것입니다. 당신 안에 사시고 하나님의 임재 앞에 서 계시는 이는 그리스도이십니다. 그러므로 그것은 내가 그리스도를 닮는 것도, 내가 그리스도의 능력을 받는 것도 아니고 그리스도께서 내 안에 사시도록 하는데 있는 것입니다.

당신은 '내가 아니라 그리스도' 이신 이 지점에 와야 합니다. 이것이 신자의 삶입니다. 전에는 내가 살았고, 그리스도께서 사시지 않았습니다. 이제는 내가 살지 않고 그리스도께서 사십니다. 만약 어떤 사람이 "내가 아니라 그리스도이시라"라고 말할 수 없다면, 그는 기독교가 무엇인지, 또는 기독교인의 삶이 무엇인지 알지 못하고 있습니다. 그가 그렇게 삶으로써, 그가 사는 것이 그리스도이지 그가 아니기를 다만 소망하고 있는 것이 분명한 것입니다. 그러나 바울은, 그것은 이 방법이 아니라고 말씀해 줍니다. 바울은, 그 길(방법)은 그리스도로 하여금 사시게 하는 것이라고 말씀하시고 있는 것입니다.

그리스도와 함께 십자가에 못 박힘

이 지점에서, 당신은 틀림없이 이렇게 물을 것입니다. 그리스도께서 그렇게 사시도록 하기 위해 나는 그 길을 어떻게 벗어날 수 있습니까? 이것은 과연 큰 문제입니다. 어떻게 "내가 아니라"가 될 수 있는가? 그 대답은 갈라디아서 2장 20절에 있습니다. "내가 그리스도와 함께 십자가에 못 박혔나니." 내가 십자가에 못 박히지 않으면, 나는 벗어날 수 없습니다. 내가 십자가에 못 박히지 않으면, 그것은 여전히 나일 것입니다. 내가 그리스도와 함께 못 박혀야만 그것은 더 이상 내가 아닐 수 있는 것입니다.

기억해 보십시오. 당신의 죄 문제가 십자가 위에서 해결됐습니다. 따라서 같은 십자가 위에서 당신 자신이 역시 끝장났습니다. 우리는 로마서 6장의 말씀을 회상하지 않으면 안 됩니다. "우리가 알거니와 우리의 옛 사람이 예수와 함께 십자가에 못 박힌 것은"(6절). 나의 옛 사람이 주와 함께 못 박히기를 원한다는 것이 아니라, 내 옛 사람이 주와 함께 못 박혔다는 것입니다. 그것은 원하거나 소망하는 것이 아닙니다. 이 헬라 원어는 아주 강조된 것입니다. "…혔다"는 내가 단번에 영원히, 절대, 변함없이 주와 함께 못 박혔음을 가리킵니다. 하나님께서 나를 그리스도 안에 두셨으므로, 주가 십자가에 죽으셨을 때 나도 죽은 것입니다.

이것이 당신이 믿지 않으면 안 될 중요한 점입니다. 당신의 눈이 일단 열려 당신의 죄가 그리스도 위에 놓여있음을 보게 되면, 당신의 눈이 열려 당신이 그리스도 안에 숨겨져 있음을 보지 못하면 안 됩니다. 당신의 죄가 담당되어졌고, 당신이 십자가에 못 박힌 것입니다. 이것은 당신의 문제가 아니라 그리스도의 문제입니다. 그가 당신을 위해 이 일을 이루어 주셨기 때문입니다. 당신 자신을 들여다보지 마십시오. 당신의 죄는 더 이상 당신에게 있지 않고 십자가 위에 있습니다. 그러므로 당신도 더 이상 여기에 있지 않고, 십자가 위에 있습니다. 패배당하는 사람은 항상 그들 자신을 들여다봅니다. 믿는 사람들은 십자가를 바라봅니다. 우리의 죄는 거기 십자가 위에 있는 것이지 여기에 있지 않은 것입니다. 죄인도 역시 거기에 있는 것이지 여기에 있지 않습니다. 그 사람이 우리에게가 아니라 십자가 위에 있음을 우리가 보지 않으면 안 됩니다. 이것이 주께서 이루어주신 것입니다. 그 일은 완성되었습니다. 하나님은 우리를 그리스도 안에 두시고 우리가 그와 함께 죽게 해주셨습니다. 그리스도께서 죽으셨고, 우리 또한 죽은 것입니다.

승리의 생활

이제 나는 내가 십자가에 못 박힌 사람임을 선언합니다. 내가 오늘 살 작정이면, 사는 것은 더 이상 내가 아니라, 그리스도께서 내 안에 사십니다. 나는 파멸되었고, 그리스도께서 오셨습니다. 이것이 승리의 길입니다. 바울이 우리에게 보여주시는 것이 이것입니다. 이것이 그가 기독교인의 삶을 사는 방식입니다. 기독교인의 생활이란 무엇입니까? 다만, 이것 곧 사는 것은 더 이상 내가 아니라,

내가 그리스도께서 나를 위해 사시게 하는 것입니다.

  나는 그동안 내내 잘못되어 있었습니다. 사악하고, 약하고, 파멸되고, 교만하고, 까다로웠습니다. 그러나 이제 나는 주 앞에 나아와 말씀드립니다. "주여, 저는 파멸입니다. 오늘로부터 시작하여 저는 저 자신의 모든 노력에서 손을 뗍니다. 떠맡아주소서." 이것이, "사는 것은 더 이상 내가 아니고 그리스도께서 내 안에 사신다는"뜻입니다. "제가 충분히 오랫동안 살았습니다. 저는 이제 사는 것이 지겹습니다. 이제는 주여, 맡아주시겠습니까?" 그것은 이처럼 단순한 것입니다. 승리의 생활은 이것 외에 다른 것이 아닙니다. 당신은 살 필요가 없는 것입니다. 당신 자신을 삶에서 지치게 할 필요가 없는 것입니다. 당신은 위를 쳐다보고 이렇게 말씀드리면 됩니다. "이후부터 저는 더 이상 관리하지 않겠습니다. 당신께서 사시고 당신 자신을 나타내시옵소서!" 이 일이 이렇게 이루어질지어다.

  이후부터 당신은 적극적 방침을 취합니다. 당신이 주와 관계할 적에, 당신은 주께 말씀드립니다. "주여, 저는 당신께서 내 생명(삶)이 되시도록 주를 영접합니다. 이후부터는 그리스도를 내 생명(삶)으로 인정합니다. 나는 내게 사는 것이 그리스도이심을 고백합니다." 이것이 하나님 앞에 당신의 매일의 삶이 될 것입니다. 당신은 주를 의지하며 "주여, 이것은 당신의 일이지 제 일이 아닙니다."라고 말씀드립니다. 이후부터 당신이 받는 유혹은 죄를 짓는데 있지 않고, 오히려 당신의 자의에 따라 행하는 것이 될 것입니다.

  "이제 내가 육체 가운데 사는 것은 나를 사랑하사 나를 위하여 자기 자신을 버리신 하나님의 아들을 믿는 믿음 안에서 사는 것이라." 내 안에 그리스도께서 사신다는 것은 무슨 뜻입니까? 그것은 단순히 이후로는 내가 하나님의 아들을 믿는 믿음 안에서 산다는 것입니다. 나는 하나님의 아들이 내 안에서 사심을 날마다 믿는 것입니다. "주여, 당신께서 나를 위해 사심을 제가 믿습니다. 주여, 당신께서 제 생명이심을 제가 믿으며, 당신께서 내 안에 사심을 제가 믿습니다."

제28과
하나님의 뜻을 알려면

암송 구절: 나의 하나님이여 내가 주의 뜻 행하기를 즐기오니 주의 법이 나의 심중에 있나이다.(시 40:8)

우리가 이제 생각해보려는 것은 새 신자가 하나님의 뜻대로 어떻게 살 수 있는가 입니다. 이것은 크게 중요한 것입니다. 그런 지식이 부족하면 주를 위한 봉사에 큰 소실을 가져오기 때문입니다.

하나님의 자녀는 구원 받은 날로부터 그의 삶에 철저한 변화를 겪습니다. 전에는 그가 원하는 대로 할 수 없을 때는 좌절감을 느꼈지만, 그의 소원에 따라 행할 수 있으면 행복했습니다. 그런 행복은 그 자신의 뜻으로부터 나왔습니다. 그러나 이제 그의 중심이 변화되었습니다. 그가 주를 모시게 된 것입니다. 그가 여전히 전과 같이 자기 자신의 뜻에 따라 살면, 그는 만족하지 못할 것이며, 반대로 그는 매우 불안하게 느끼게 될 것입니다.

당신이 구원받은 후에는 당신의 불안의 원인이 당신 자신의 뜻을 따르는 데에 있음을 발견하게 되는 것입니다. 당신이 당신의 욕구에 따라 행하면 행할수록, 당신은 덜 행복하게 됩니다. 그러나 당신 자신의 생각을 따르는 대신 당신이 당신 안의 새 생명을 따르는 법을 배우면, 당신은 평안과 기쁨을 얻게 될 것입니다. 이것은 참으로 경이로운 변화입니다. 하나님의 뜻을 행하는 것은 즐겁습니다. 당신 자신의 뜻을 따르면서 당신이 행복하게 될 것이라고 한 순간도 생각하지 마십시오. 행복으로 가는 길은 당신의 뜻을 따르는 데에 있지 않고, 하나님의 뜻을 따르는데 있을 것입니다.

우리가 받은 생명에는 가장 중요한 요구사항이 들어 있습니다. 우리가 하나님의 뜻에 따라 행해야 한다는 것입니다. 우리가 하나님의 뜻을 행할수록 우리는 더 행복해집니다. 우리가 우리들 자신의 길을 적게 따를수록, 하나님 앞의 우리의 길은 더욱 곧바로 됩니다. 우리가 우리 자신의 생각에 따라 살지 않으면, 하나님 앞에서 우리는 더욱 풍성한 삶을 살게 될 것입니다. 하지만 우리 자신의 뜻을 따르면, 길은 더욱 어렵게 될 것입니다. 행복은 순종에서 찾게 되며, 자기 뜻에서 찾게 되지 않는 것입니다.

형제자매님들, 여러분이 기독교인이 되는 즉시, 여러분은 하나님의 생각을 받아들이기 시작해야 합니다. 그의 뜻만이 모든 것을 지배해야 하는 것입니다. 아무도 자기 자신의 생각에 따라 살아서는 안 됩니다. 당신이 하나님 앞에 부드럽고, 상냥하여 처음부터 그의 뜻에 복종하는 법을 배우면, 당신은 불필요한 많은 방황을 모면하게 될 것입니다. 그들 삶에서 많은 사람이 실패하는 원인은 그들이 자신들의 뜻을 따르기 때문입니다. 당신 자신의 뜻에 따라 행하면(walk) 슬픔과 영적 빈곤 외에 아무것도 얻지 못할 것을 기억하십시오. 마침내 하나님은 그의 뜻을 따르도록 당신을 이끄실 것입니다. 그러나 하나님은 특별한 환경이나 비상한 처리를 통해 당신을 복종하게 하실 것입니다. 만약 당신이 그의 자녀가 아니라면, 하나님은 당신을 놓아주실 것입니다. 그러나 당신은 그의 자녀이므로 그가 그 자신의 길로, 순종의 길로 당신을 이끄실 것입니다. 당신의 모든 불순종은 다만 당신을 불필요한 방황으로 이끌리게 할 것입니다. 하지만 끝내 당신은 순종하게 될 것입니다.

하나님의 뜻을 어떻게 아는가!

하나님의 뜻을 우리는 어떻게 알 수 있습니까? 우리는 잘못 짚을 때가 많습니다. 땅 위의 사람들 된 우리가 하나님의 뜻을 이해하기란 쉽지 않습니다. 그러나 하나님 앞에 우리는 한 가지 위로가 되는 것을 갖고 있습니다. 우리가 하나님의 뜻을 행하려 소원할 뿐만 아니라, 하나님 자신이 역시 그것을 행하려 하신다는 것입니다.

우리가 하나님의 뜻을 깨달으려 한다는 것과, 우리가 그의 뜻을 알도록 그가 우리를 부르신다는 것입니다. 하나님은 우리가 그의 뜻을 행하기를 원하시므로, 하나님은 우리가 깨달을 수 있게 해주실 것입니다. 그러므로 그의 뜻을 우리에게 계시해주시는 것이 그의 뜻입니다. 하나님의 자녀는 그가 하나님의 뜻을 모르고 있을 때, 그가 하나님의 뜻을 어떻게 행할 수 있을지 염려할 필요가 없습니다. 하나님의 뜻을 알기가 아주 어렵더라도, 그것에 대한 염려는 불필요한 것입니다. 어쨌든 하나님은 그의 뜻을 우리에게 알려주실 것입니다.

당신은 어떤 수단(방법)을 통해서 하나님의 뜻을 알 수 있겠습니까? 당신이 주목하지 않으면 안 될 것 세 가지가 있습니다. 이 세 가지 요소가 함께 합쳐질 때 당신은 그것이 하나님의 뜻인지 아닌지 그 여부를 확실히 알 수 있습니다. 그러나 만약 이 요소들이 확보되지 않으면, 만약 그것들의 하나가 다른 요소들과 조화되지 않으면, 당신은 하나님 앞에서 더 기다려야 하는 것입니다.

1. 환경적 조정

먼저 환경적 요소를 살펴봅시다. 성경은 "참새 두 마리가 한 앗사리온에 팔리는 것이 아니냐"(마 10:29)라고 말씀합니다. 또 다른 곳에서는 "참새 다섯 마리가 두 앗사리온에 팔리는 것이 아니냐"(눅 12:6)입니다. 수학적으로, 한 앗사리온에 두 마리를 사게 되면, 두 앗사리온으로는 네 마리를 사게 될 것입니다. 그러나 주는 두 앗사리온으로 참새 다섯을 살 것이라고 말씀하십니다. 이것은 참새가 얼마나 값이 싼지를 보여줍니다. 한 앗사리온에 두 마리, 두 앗사리온에 다섯 마리입니다. 나머지 하나는 값없이 덤으로 얻는 것입니다. 하지만 이 다섯 번째 참새도 하나님의 뜻과 관계없이 땅에 떨어지는 일은 없습니다.

나는 첫 번째나 두 번째 참새에 대해서는 말하고 싶지 않고, 다섯 번째에 대해 말하고 싶습니다. 하나님의 뜻이 아니면, 이 다섯 번째 참새도 땅에 떨어지지 않을 것입니다. 그것이 다만 값으로 산 것에 덤으로 따라온 것이더라도 말입니다. 이처럼 성경은 우리에게, 모든 환경적 요소, 환경에서 발생하는 모든 일은 하나님의 뜻의 표현임을 가리켜 보입니다. 하늘 아버지의 뜻을 떠나 땅에 떨어지는 것은 아무 것도 없을 것입니다. 이런 까닭에 당신이 만약 땅바닥에서 참새 한 마리를 보면, 당신은 하나님의 뜻과 마주치게 되는 것입니다.

  새 신자들은 그들의 환경을 통하여 하나님의 뜻을 아는 법을 배워야 합니다. 우리 삶에 우연한 것은 없습니다. 매일의 일이나 사건은 주께서 잣대로 재어주시는 것입니다. 우리는 우리 삶의 모든 것, 여러 가지 사건들, 가족, 남편, 아내, 자녀, 학우들, 친척들 등 이 모든 것이 우리를 위해 주께서 조정해 주신 것을 볼 필요가 있습니다. 매일 우리에게 일어나는 일들은 모두 아버지의 배정 안에 들어 있습니다. 우리는 환경에서 하나님의 뜻을 아는 법을 배우지 않으면 안 됩니다. 이상이 첫째 요소입니다.

  새 신자들 중 성령의 인도하심을 아직 배우지 못한 사람들이 많습니다. 그들은 성경의 가르침을 별로 알지 못하고 있습니다. 하지만 하나님은 여전히 그들을 인도하실 수 있습니다. 그들은 그들의 환경에서 하나님의 손을 최소한 볼 수 있는 것입니다.

2. 성령의 인도하심

  지금까지 하나님의 손이 우리 환경에 어떻게 나타나는가를 살펴보았습니다. 하나님은 우리가 깨달음이 없는 말이나 나귀처럼 되지 않기를 바라십니다. 하나님은 우리에게 내부로부터 안내를 주실 것입니다. "무릇 하나님의 영으로 인도함을 받는 사람은 곧 하나님의 아들이라."(롬 8:14) 누가 하나님의 영의 인도하심을 받을 수 있습니까? 하나님의 아들딸들이 받을 수 있습니다. 성령께서 우리를 내부에서 인도하십니다. 하나님은 환경을 통해서 인도하실 뿐만 아니라, 우리 영에서 그의 생명으로 우리를 인도하십니다. 우리가 성령의 내주하심을 받고 있음을 기억하십시오. 우리는 그 분을 우리 속에 모시고 있습니다. 이 때문에 하나님은 우리 존재의 가장 깊은 부분에서 그의 뜻을 우리에게 알려주실 수 있습니다.

　새 신자 여러분. 당신들은 새 영을 갖고 있습니다. 하나님의 영이 당신 안에도 거하십니다. 하나님의 이 내주하심은 하나님의 뜻이 무엇인지 당신에게 말씀해 주실 것입니다. 이 증거가 당신 안에 있습니다. 이것이 오늘의 신자의 한 특징입니다. 새 신자는 환경을 통해서 뿐만 아니라 내부로부터도 압니다. 그는 그의 환경에서 주의 배정을 볼 수 있을 뿐만 아니라, 주 자신이 내부에서 그의 뜻이 무엇인지를 계시해 주십니다. 그러니까 당신의 환경에 대한 하나님의 배정에서는 물론, 당신 안의 성령의 인도하심을 의지하는 법을 배우십시오. 가장 적절한 순간에, 필요한 때에, 하나님의 영께서 당신 안에서 잠잠하지 않으실 뿐만 아니라, 당신을 비추어 주셔서 그 문제가 하나님으로 인한 것인지 그 여부를 당신에게 보여주실 것입니다.

　한 사람이 주를 믿는 순간, 그는 성령의 인도하심을 받을 수 있습니다. 그는 먼 미래에까지 기다릴 필요가 없습니다.

하나님의 뜻을 알기 위해서 당신은 이 내면의 느낌의 그 무언가를 알 필요가 있습니다. 그러나 당신이 분석하는 일에 빠지지 않기 위해서는 그것을 지나치게 강조해서는 안 됩니다. 당신이 알아야 할 것은, 단순히 하나님의 영이 당신의 내면의 깊은 곳에, 곧 당신의 영에 계신지 그 여부입니다. 성령 의식이 무의미하거나 외면적일 수 없는 것은 이 때문입니다. 그것은 목소리같이 느껴지지 않지만, 그래도 그것은 목소리와 같습니다. 그것은 정확히 느낌 같지는 않습니다. 그러나 그것은 느낌과 같은 것입니다. 당신 안의 주의 영은 그의 뜻이 무엇이며 그의 뜻이 무엇이 아닌가를 당신에게 말씀해 주실 것입니다. 당신이 주님의 것이라면, 당신이 이 생명의 움직임을 따를 때 당신은 옳다는 감을 갖게 될 것입니다. 하지만 만약 당신이 조금 반발하거나 저항한다면, 당신은 당신 안에 심란하거나, 불안한 느낌이 들게 됩니다.

3. 성경의 가르침

하나님의 뜻은 환경과 그의 내주하시는 성령에 의해 나타날 뿐만 아니라, 성경을 통해서도 우리에게 알려집니다. 그의 뜻이 과거에 많이 계시되었고, 이것이 성경에 기록되어 있습니다. 하나님의 뜻은 하나이지 둘이나, 열이나, 백 개나 혹은 천 개가 아닙니다. 하나님은 어제나 오늘이나 변하시지 않습니다. 그의 뜻은 영원토록 같습니다. 이런 이유로 하나님의 자녀들은 성경을 알아야 합니다.

그 속에서 그들은 하나님의 뜻의 계시를 발견하게 될 것입니다.

하나님께서 오늘 어떤 것을 보시는 방법은 과거에 그가 그것을 보셨던 방법과 같습니다. 그가 전에 정죄하셨던 것을 하나님은 지금도 정죄하십니다. 그가 전에 기뻐하셨던 것을 오늘에도 기뻐하십니다. 성경은 하나님께서 그의 마음을 계시하시는 곳입니다. 하나님께서 많은 사람과 많은 일들에 관하여 전날에 그의 뜻을 나타내셨습니다. 이 모든 것이 성경에 기록되어 있습니다. 하나님의 뜻은 한결같으므로, 그의 뜻이 무엇인지 보여주시기 위해 성경에 기록된 많은 실례가 이미 성경에 들어 있습니다. 하나님께서 이미 성경에서 시인하신 것을 오늘에 와서 정죄하신다는 것은 절대로 일을 수 없는 일입니다. 이처럼 성령께서는 결코 하나님께서 성경에서 벌써 정죄하신 것을 오늘 우리에게 하라고 이끄시지 않을 것입니다. 하나님의 뜻은 하나인 것입니다.

하나님의 뜻은 이상의 세 요소가 일치함에서 알려짐

이상의 세 요소 곧 환경, 사람의 영, 그리고 성경은 함께 하나님의 뜻을 나타냅니다. 이 세 요소의 일치를 통해서 우리는 하나님의 뜻을 아는 법을 배웁니다. 우리가 어떤 특정한 문제에서 하나님의 뜻을 찾고 싶으면, 어떻게 해야 합니까? 우리가 확실히 하기 위해서는 이상의 세 요소들이 일치되지 않으면 안 된다는 것입니다. 한 요소만 가지고는 안 되며, 셋이 모두 일치해야 합니다. 그럴 때 우리는 하나님의 뜻을 확실히 알 수 있습니다.

4. 교회의 원칙

하나님은 그의 뜻이 그의 말씀과, 사람의 영과, 환경에서 나타남을 우리에게 보여주셨습니다. 이제 우리는 한 가지 요소를 더 추가하려고 합니다. 하나님의 뜻은 교회를 통하여 나타납니다. 독자적으로 설 수 있는 인도(안내)는 없습니다. 오늘 하나님의 자녀들은 구약성경의 주의 백성들과는 다릅니다. 그 때에는 그들이 개별적으로 하나님의 백성들이 되었습니다. 그러나 오늘 우리는 연합적으로 하나님의 백성입니다. 그들은 한 국가로서 하나님의 백성이 되었습니다. 하지만 오늘 우리는 한 몸으로서 하나님의 백성입니다.

손은 몸의 다른 부분들의 개입이 없이는 움직일 수 없습니다. 몸의 움직임이 없이 손이 어떻게 움직일 수 있습니까? 어떻게 눈은 보는데 몸이 보지 못할 수 있습니까? 귀는 듣는데 어떻게 몸이 듣지 못할 수 있습니까? 귀의 들음은 몸의 들음이요, 눈의 봄은 몸의 봄입니다. 발이 걸을지라도 몸이 걸었습니다. 이처럼 하나님의 인도하심은 온 몸이 관련되는바 연합적, 비개인적입니다. 하나님의 빛이 성소에 있습니다. 하나님의 영광 역시 거기에 있습니다. 하나님의 교회(건물이 아님)가 성소와 같을 때마다 하나님의 영광이 거기에 나타납니다. 하나님의 영광이 성소에 있기 때문입니다. 우리는 개인적으로 하나님의 인도하심을 받을 뿐만 아니라, 형제자매들의 온 몸도 주의 인도하심을 받습니다. 결정을 짓는 것은 한 사람이 아닙니다. 결정을 짓는 것은 몸입니다. 우리는 하나님의 뜻을 친교의 원칙에 따라 아는 법을 배우지 않으면 안 됩니다.

　이상의 네 요소가 한 직선 위에 있을 때는 모든 것이 좋습니다. 하나님의 뜻은 환경에, 성령의 인도하심에, 성경에, 그리고 교회를 통하여 나타납니다. 한 사람이 처음 세 요소를 검토한 후에도 그는 아직 교회와 상의할 필요가 있습니다. 하나님은 그의 뜻을 한 사람에게만이 아니라 몸에, 즉 모든 형제자매들에게 말씀하십니다. 그러므로 그 사람의 내면의 느낌에서, 하나님의 말씀에서, 환경에서, 그리고 끝으로 교회의 승낙에서 분명히 하는 것이 중요합니다.

사람의 문제

　끝으로, 앞의 네 요소가 모두 긍정적 지침을 보여 주더라도 그가 하나님의 뜻을 찾았음을 반드시 보장해주는 것은 아닙니다. 방법들을 의지하는 사람은 옳지 않을 수도 있습니다. 그는 그의 속으로부터 "주여, 저는 당신의 종입니다. 저는 당신의 뜻을 행하겠습니다."란 부르짖음이 있어야 할 것입니다.

　나는 많은 사람들이 하나님의 뜻을 행하려는 마음은 없이 그의 뜻을 아는 방법만을 알고 싶어함 때문에 괴로울 때가 많습니다. 그들은 적절한 방법을 알고 싶어 합니다. 그들은 하나님의 뜻을 마치 사용하지 않고 저장해 둔 일종의 지식으로 생각하는 것 같습니다. 그들은 하나님의 뜻이 알고 싶어 그(하나님)와 의논을 합니다. 그러나 그런 다음에는 그들 자신의 생각과 의논을 합니다. 주 예수의 말씀을 잊지 마십시오. "사람이 하나님의 뜻을 행하려 하면 이 교훈이 하나님께로부터 왔는지 내가 스스로 말함인지 알리라."(요 7:17) 우리는 진정으로 하나님의 뜻을 알려고 소원합시다. 하나님의 뜻을 우리의 음식과 생명으로 받아들입시다. 그의 뜻을 순종하는 법을 배웁시다.

역자:
전 중부대학교 신학과 교수
정년퇴직

전화:미국 (310) 832-7533

영적 훈련(상)

■
초판 1쇄 인쇄 / 2008년 5월 5일
초판 1쇄 발행 / 2008년 5월 10일

■
지은이 / 윗취먼 니
옮긴이 / 문 창 수
펴낸곳 / 정 경 사
충남 계룡시 엄사면 엄사리 232-70
☎ (042) 841-0442
판권소유 / 정 경 사

■
출판등록번호 / 제 22-1653호
출판등록일 / 1977. 10. 20.

총판: 좋은 세상
☎ (0505) 301-3927

정가 양장 11,000원
　　반양장 8,500원

ISBN 978-89-92349-21-5　　03230
Printed in Korea

본 출판물은 저작권법으로 보호 받는
저작물이므로 출판사나 저자의 허락 없이
무단전제나 무단 복제를 금합니다.

파본은 교환해 드립니다.